U0111959

大展好書　好書大展
品嘗好書　冠群可期

大展好書　好書大展
品嚐好書　冠群可期

運動精進叢書 19

門球（槌球）入門與提升 180 問

180 問

柳萬春
吳永宏　著

大展出版社有限公司

●●●●● 前　言

　　門球（GATEBALL），就是槌球，自民國72年由日本引進台灣後，旋即獲得國人的喜愛，紛紛組隊競技。這個揉合了高爾夫、撞球及足球三項運動趣味的運動，最早起源於歐洲，當時稱爲「門球」，後來傳入日本，並更名爲「槌球」，大爲盛行。

　　在全民健身運動日益縱深發展的今天，現代門球是頗受人們歡迎的一種具有廣泛群眾性的運動項目，特別是中老年人群更爲青睞。

　　爲幫助廣大門球運動愛好者瞭解我國現代門球運動的發展歷程，掌握門球競賽規則和裁判法的前後修訂、補充和變化，以便棄舊換新、轉變觀念、統一認識、化解分歧，以利於門球運動的開展，本書從競賽實踐中提煉出在執裁時經常遇到的問題，以答問的形式進行了解答，其中有的還介紹了按過去的規則該怎麼判罰而現今改爲怎麼判罰，使讀者全面完整地理解門球競賽規則和裁判法。本書還介紹了若干運用戰略戰術的實例供參考，爲創新戰略戰術而拋磚引玉。

　　本書具有較強的資料性、實用性、針對性，是廣大門球裁判員、教練員、指揮員、運動員的必備讀物與常識手冊。

●●●●● 本書繪圖標誌解讀

1. 用圈碼圈上球號表示 X 號球。例如：

① ② ③ …… ⑩

2. 球過門、撞柱得分的符號。例如：

……⑤、⑥……

已過一門，得 1 分

……⑤、⑥……

已過二門，得 2 分

……⑤、⑥ ……

已過三門，得 3 分

……⑤、⑥……

已撞柱，得 5 分

（註，本書中有的繪圖，只為說明詮釋正文服務的，故未標明過門、撞柱得分和球的運動軌跡、擊球次數，例如，圖 12、26、27、28、35、36、40、41、42……）

3. 球門（前）（後）及終點柱

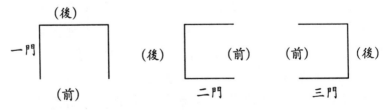

終點柱 ●（在場地四個角對角線的交叉點上）

4. 執桿擊球及次數

在球的一側用 T 標記，表示本圖第 1 個執桿擊球。例，⑧^T。以〈 〉號中間寫上數字，表示執桿擊球次數。

5. 球的運動軌跡表示

(1) 撞擊球。例，①球撞擊②球① → ②

(2) 撞擊終點柱。例，已過三門的⑨球撞擊終點柱⑨″ → ●

(3) 擊自球過門。例，擊⑥球過三門T⑥——┤ 〈1〉⑥″

(4) 擦邊他球及主擊球（執桿球）落位。例，執桿②球擦邊④球，落位到③球附近

(5) 場內平地雙桿球。例，⑤球撞⑦球又碰⑧球

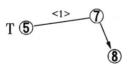

(6) 過門雙桿球。例，⑦球在三門前過門撞擊⑥球，獲過門雙桿

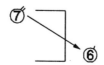

(7)閃送球。例，③球撞擊⑤球，將⑤球閃送給⑧球

(8)使用雙桿。例，⑥球打成②、④眼鏡球雙桿，將②、④球閃送給⑧球，然後使用雙桿過三門

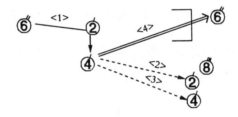

(9)球壓比賽線。例，③球進場壓線

(10)閃帶對方球雙雙出界。例，⑧球撞擊①球，以①球為炮彈將球⑦、①球閃帶出界

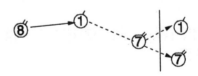

●●●●● 目　　錄

8

目

錄

10

目

錄

1. 中國現代門球運動是從何時開始，怎樣起步的？如今發展狀況如何？

中國現代門球運動始於 1983 年，透過民間交往的形式，由日本傳入中國。是年 5 月，日本「門球使節團」來到北京訪問，在北師大二附中舉行了歡迎儀式，日本友人向我們傳授了門球技藝。年底，日本的「機組門球愛好者」又到上海訪問交流座談。由此，現代門球運動開始進入到中國。

嗣後，為了推進門球運動，適應門球運動的形勢發展需要，我國做了一系列開創性的工作。1985 年國家體委群體司在上海舉辦「全國門球訓練班」，培訓骨幹。接著，在上海松江縣又舉辦了全國老年人門球邀請賽，為我國門球運動的興起拉開了帷幕。為了使門球比賽走向正軌，裁判統一，提高技戰術水準，有利於門球運動的健康發展，國家體委於 1985 年制定了《門球競賽規則》，1986 年在河北省石家莊市舉辦了第一屆全國老年人門球比賽。國家體委於 1987 年 8 月，正式成立中國門球協會，為門球事業的日益發展奠定了組織基礎。

迄今，中國門球運動已經走過了二十多年的路程，我國已擁有 500 萬門球人口，6 萬多個門協組織，門球場地遍及城鄉。每年都有全國性正式比賽。如，全國中老年門球賽、全國門球錦標賽、全國少年兒童門球賽、全國百城市門球賽等。而各省、市、縣地方舉辦的比賽更是經年不斷。從 2004 年起，門球運動已定為全國體育大會的正式比賽項目。2005 年我國首次舉辦了中國門球冠軍賽，經過各

分賽區選拔有 86 支球隊，近千人參加總決賽的角逐，設置 6 萬元人民幣高額獎金。中國門協與世界門協、亞洲門協溝通，每年都有賽事往來。中國門球運動正朝向國際化、市場化方向邁進。

2. 中國是於何時參加世界門球聯合會和亞洲門球聯合會的？

中國門球協會代表中國，是於 1989 年 8 月正式參加世界門球聯合會，於 1991 年 5 月參加亞洲門球聯合會的（這兩個「門聯」都是在日本東京成立的）。

3. 從國家體委 1985 年出臺的《門球競賽規則》和 1990 年制定的《門球競賽裁判法》，至今都歷經了哪些次修改？

國家體委於 1985 年制定了《門球競賽規則》，在實施過程中，到 1989 年進行了四次訂正、補充、修改，在此基礎上制定了《1990–1993 門球競賽規則》，隨後，於 1990 年制定了《門球競賽裁判法》。由於門球運動迅速發展的需要，為了有利於提高技術戰術水準，1992 年 8 月，國家體委對《1990–1993 門球競賽規則》和《門球競賽裁判法》進行了修改，下發了《部分修改條文的通知》。在此基礎上，根據《國際門球競賽規則》，結合我國門球運動的實際情況，經國家體委審定，從 1994 年開始，又在全國範圍內實施新修改的《1994 門球競賽規則》和《1994 門球競賽裁判法》。在這「兩法」實施之後，中國門球協會於 1996 年 1 月 1 日又下發了經國家體委審定的《關於對 1994

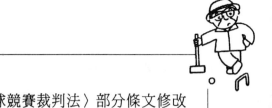

年〈門球競賽規則〉和〈門球競賽裁判法〉部分條文修改的通知〉（從 1996 年 4 月 1 日起開始施行）。

在執行實施《1994 門球競賽規則》《1994 門球競賽裁判法》和《1996 修改條文》基礎上，1999 年 9 月，中國門球協會參照國際門球競賽規則，對《1994 門球競賽規則》和《1994 門球競賽裁判法》又進行了一次修訂。經國家體育總局審定頒佈實施，出版了《1999 門球競賽規則裁判法》一書，此書包括了規則和裁判法兩部分（從 1999 年 9 月起執行）。

為了促進我國門球運動的普及與提升，便於國際交流，2004 年 12 月，中國門球協會又正式出臺了以國際門球競賽規則為藍本而修訂的《2004 門球競賽規則裁判法》（國家體育總局社會體育指導中心審定）。

4.《1990-1993 門球競賽規則》與原《門球競賽規則》相比有何改進？

《1990-1993 門球競賽規則》與 1985 年的《門球競賽規則》相比，其用語更為準確了，概念更為清晰了，界限也更分明了。同時，還補充了一些款項。例如，對第十六條擊球、第十九條閃擊、第二十條閃擊的規定、第二十一條閃擊犯規、第二十二條重複撞擊犯規，都增加了新的內容。

5. 1992 年 8 月，國家體委對《1990-1993 門球競賽規則》和《門球競賽裁判法》部分條文進行了哪些修改？

對競賽規則的修改有七點。

（1）場地增設自由區（在限制線外兩公尺以內的區域）。

（2）取消隊員說話參與指導犯規。

（3）取消閃擊前不指示方向犯規。但閃擊球出界，按「應該」要求指示方向，以便於裁判員及時到位處理球。如果沒有指示方向，也不為犯規，裁判員可以提示。

（4）取消雙重放棄犯規。即允許撞擊後，同時放棄閃擊和續擊，或連續放棄閃擊和續擊；撞擊後，自、他球相距不超過 10 公分，不允許放棄閃擊。

（5）取消平整場地犯規，但要有 10 秒逾時犯規要求。

（6）改變了界外球入場犯規後的放球位置。

① 界外球擊入場內又出界，視為場內球出界，將球放在出界點的比賽線外 10 公分處。

② 界外球擊入場內直接或間接移動了場內的球，判界外球進場犯規。他球放回移動前的位置，自球放在距犯規地點最近的比賽線外 10 公分處。

（7）明確了「10 秒逾時犯規」的裁判要求。

① 擊球員在 10 秒到時的同時擊球，是合法擊球，超過 10 秒再擊球，即為 10 秒逾時犯規。

② 裁判員計算 10 秒，採取默記方法，默記到 8 秒時，提醒擊球員，報告「8 秒」，9、10 兩秒不再提醒，超過 10 秒即判罰。

對裁判法的修改有五點。

（1）採用主、副裁判員交換制。

比賽中，主、副裁判員的職責，可以根據實際情況互

換，即根據場上實際需要，誰距離次一擊球員近，就由誰到位觀察、判定，充當主裁判員。

（2）增設一名記分員。

（3）更改了裁判員執裁「撞擊」「出界」的手勢。

（4）規定了替換隊員的方法。

（5）明確了舉行入場儀式時主裁、副裁、司線員、記分員所處的位置。

6.《1994門球競賽規則》《1994門球競賽裁判法》有何特點和新的規定？

《1994門球競賽規則》和《1994門球競賽裁判法》是在總結原競賽規則、原裁判法和1992年的「部分修改條文」的基礎上，意在向國際門球競賽規則的新版本傾斜、靠近，結合我國門球運動的特點、實際情況而制定的。可以說，是原規則、原裁判法的修訂本。它的特點源於新的規定，從新規定的條款中可以體現出來。

（1）為擊球員提供方便條件，使其能夠充分發揮技藝水準。

《1994門球競賽規則》第二十九條第4款規定：「擊球員認為一門前有妨礙過門的球，可以向裁判員提出要求，臨時移開。」第三十二條第4、5、9款規定：「撞擊他球後，出現有礙拾起被撞他球時，分辨不同情況，可以要求裁判員給臨時移開或臨時固定另一他球。」第二十五條第3款規定：「擊球員認為界外球妨礙擊球時，可以向裁判員提出要求，臨時移開。」這樣就為擊球員正常地發揮技藝水準，從規則上提供了方便條件。第三十三條還新

規定了閃擊時允許的事項。其中所列的 6 個款項，都是屬於進行閃擊前的預備動作，不作為犯規，放寬了對擊球員的要求。因而，使擊球員有可能進入閃擊過程，為充分發揮閃擊技能技巧提供了機會。

（2）條款更加精細，界限分明，便於掌握規則，便於執裁。

《1994 門球競賽規則》第二十八條第 3 款規定：「球門線是指連接兩門柱後沿的直線。」更改了原規則的規定：「每個球門兩立柱間的連線叫球門線，線寬 1 公分。」（見《1990–1993 門球競賽規則》第四條）。由於門球線變細了，便有利於避免裁判上的差錯，出現爭執。《1994 門球競賽規則》第十八條和《1994 門球競賽裁判法》第五章，明確了什麼人是擊球員，什麼人不是擊球員，只有擊球員才有犯規，非擊球員（指參賽隊員、教練員）除「妨礙比賽」犯規之外，不存在其他犯規問題。《1994 門球競賽規則》第二十一條第 1、2 兩款，又明確了什麼屬於合法擊球（由於合法擊球或閃擊擊球，使球產生移動，為有效），什麼屬於不合法擊球（由於不合法擊球或閃擊擊球，使球產生移動，為無效）。

《1994 門球競賽裁判法》第五章，對零散在「規則」中有關條款的犯規，判處「將自球拿出界外」，共有四種情形都歸納到此，使其更明確。

以上這些涉及執裁的依據性條款，「是」與「非」的界限，區分得明確，便於掌握。

（3）規定了具有制裁性的條款，以保證比賽的順利進行，有利於淨化賽場風氣，強化精神文明建設。

《1994 門球競賽規則》第十一條、第四十八條、第五十一條，《1994 門球競賽裁判法》第三章八，規定了對「妨礙比賽」判罰的有關款項。《1994 門球競賽規則》第四十二條規定了對球隊違例：棄權、拒絕比賽、非法上場三項判罰的款項。

由這些具有權威性的規定，以促進參賽者自覺地遵守競賽規則，使比賽達到公平競爭、增進友誼、互敬互學、有益身心健康的目的。

（4）調整了教練員與隊長間的分工，以強化球隊的平時教學與訓練，提升球隊的整體素質。

《1994 門球競賽規則》對教練員與隊長間的分工，做了調整。第十條規定了隊長的權利與義務。將原來教練員負責場上的具體工作，統由隊長執行。教練員要集中精力負責球隊平時的教學與訓練，提升球隊員的技藝水準、心理素質、戰術意識。比賽現場的指揮可以由教練員親自擔任，也可以由教練員委託本隊某一參賽隊員擔任，稱為臨場指揮員。

教練員對每場比賽要負責做出技戰術的全面部署，賽後負責總結講評。

（5）放寬了可以放寬的規定，為門球活動的開展創造方便條件。

《1994 門球競賽規則》對比賽場地的長度與寬度，由原規定的大（25 公尺 × 20 公尺）、小（20 公尺 × 15 公尺）兩種，現在改為在規定的限度之內，可以伸縮，即長為 20～25 公尺，寬為 15～20 公尺。修建球場是開展門球活動的物質基礎，這樣就便於「因地制宜」地解決場地的

問題了。

7.《1994 門球競賽規則》和《1994 門球競賽裁判法》剛剛執行兩年，爲什麼於 1996 年又進行了部分條文修改？是本著什麼原則進行修改的？

由於門球運動的不斷發展，世界門球聯合會於 1995 年對《國際門球競賽規則》和《門球競賽裁判法》（裁判實施要領）作了部分修改，並增加了一些新的內容和補充說明。因而本著我國的門球運動既要盡可能朝著國際門球競賽規則靠近、接軌，又要體現我國門球運動特點的原則，進行了這次部分條文的修改。由這次修改有針對性地解決了我國門球運動中存在的具有普遍性的問題，從而促進了我國門球運動的技戰術水準的提升。

8. 1996 年的「修改條文」對門球規則和裁判法部分條文的修改有哪些內容？

對《1994 門球競賽規則》的修改，有以下兩個方面的內容。

（1）更改的條款

① 將起始線更改爲起始區。即取消了原規則「擊球員將球放在起始線外沿擊球通過一門」的規定，現改爲「進一門球，自球必須放在起始區內進行擊球，壓線擊球爲擊球犯規」。

② 槌頭的長度更改爲 18～24 公分之間，形狀似直筒形（即一般爲圓柱形或近似圓柱的單一形狀）。槌頭兩端平面直徑爲 3.5～5 公分之間。柄長爲 50 公分以上（也可

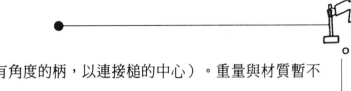

以使用有角度的柄，以連接槌的中心）。重量與材質暫不限。

③ 對《1994 門球競賽規則》第三章第二十二條進行修改，原來的規定是，「擊球員除在閃擊中允許的觸球外，擊球員的身體及攜帶物觸及比賽線內的球或裁判員放置的界外球，為觸球犯規」，現在改為：「擊球員除在閃擊中允許的觸球外，擊球員的褲角、衣袖及脫手落下的球、槌觸及球時，判為觸球犯規。」如果身上攜帶的物品及帽子等落下觸及球時，不為觸球犯規（要求隊員不要攜帶容易離開身體及與比賽無關的物品上場）。觸球犯規的處理方法，仍按《1994 門球競賽規則》第三章第二十二條執行。

④ 原先的各競賽規則，都規定了擊球員可以要求放棄擊球（包括續擊和閃擊），現廢除這一規定，更改為不准擊球員「放棄」擊球（包括閃擊成功的續擊），不准「放棄」閃擊。取消《1994 門球競賽規則》第三十四條。

⑤《1996 修改條文》新規定，由於「妨礙比賽」而被取消隊員比賽資格後，實行缺員比賽。缺員隊員的場內球，仍留原處。而其他球在正常運行中與之發生的撞擊、閃擊、進門、撞終點柱得分等均有效，但當其成為出界球時，則直至比賽結束仍為出界球。

⑥ 原競賽規則規定：自球通過一門後，撞上一個他球為雙桿球，現在取消這一規定，更改為撞擊一門後的球不成立。自球通過一門後，撞上一個他球，自、他球均停在比賽線內，不作為雙桿球。自球通過一門成立，並有一次過一門的續擊權。將被撞擊的他球恢復原位，擊球員進行續擊時，允許重新撞擊該球，撞擊成功後，必須進行閃

擊。自球進一門，如果撞擊他球後，自球出界，通過一門不成立；如果自球停在比賽線內，而被撞擊的他球出界，自球過門（得分）成立，將被撞擊出界的他球放回原位；如果自球過門後，同被撞擊的他球一起出界，自球通過球門不成立，將被撞出界的他球放回原位。

（2）補充或重申的條款

① 注明了「妨礙比賽」的定義：即妨礙比賽是指其言行干擾或影響裁判員根據「規則」和「裁判法」正常工作，以及損害參賽對方的利益，致使比賽不能順利進行。

② 判定隊員或教練員「妨礙比賽」時，要由主裁判員視情節輕重而判處。分為五個檔次：「一、取消輪及的擊球員的擊球權；二、將被判罰者的球放置於最近的比賽線外；三、判過門、撞柱的得分無效；四、取消犯規隊員的比賽資格；五、取消參賽隊的比賽資格。」前三點是對原規則規定的重申，後兩點是新增加補充的。

③ 在《1996修改條文》的「修改依據及說明」中，對「妨礙比賽」的判罰，還做了具體說明：對一般「妨礙比賽」言行，先予以警告，如不接受警告或再次出現時，主裁判員有權判罰；對性質惡劣的「妨礙比賽」言行（如謾罵、毆打裁判員等）不必予以警告，可直接判罰，由主裁判員立即向裁判長報告，建議取消犯規隊員或該隊的比賽資格。

④ 對擊球時的擊空動作，如何裁定，依據我國實際情況，作出了統一規定：擊球是指擊球員用槌頭端面擊打靜止的自球。但正式擊球時，擊空或只擊打到地面（或草坪），而未擊上自球，也作為擊球完成。擊球時，先觸及

地面或草坪再擊到自球，仍為正當擊球。擊球前的空擺、試揮桿不作為擊球。正式站位瞄準擊球時（最後一次出桿）打空，空擺、試揮桿只打到地面或草坪等，作為擊球完成。

⑤ 對閃擊和閃擊過程二者有何不同，從概念上作出了區分。對閃擊過程中各時間段的犯規，如何處理，也作了說明。

閃擊是指放球後（放球後是指將拾起被撞擊的他球第一次置於腳踩自球旁或同時腳踩自、他球），利用擊打自球的衝力，使他球移動（振出他球）。

閃擊過程及其有關動作，是指從擊球員擊打自球撞擊他球後，自、他球均停穩，撿拾他球開始，到放球閃擊，再到閃擊後踩球的腳離開自球為止的整個過程。

閃擊時的犯規，自球拿出界外，放在最近比賽線外的 10 公分處，他球放在放球處（緊靠自球的位置）。

閃擊過程中的犯規，按《1994 門球競賽規則》第三章第三十五條有關規定處理。

⑥ 放置已過三門的球貼上終點柱，並進行閃擊時，撞柱得分不成立，不為犯規，形成的局面成立，仍有續擊權。

⑦ 把被撞擊的他球放在界外進行閃擊，為閃擊犯規。他球放回撞擊後的位置，擊球權結束。

⑧ 在比賽中，對裁判員的宣判有異議時，應由隊長在事發的當時，提出詢問，且以裁判員的回答為結束，不得再次追問。

（3）新增加的條款

① 過一門的同一號球，三輪未過門者，該號球和該號隊員即失去繼續參加該場比賽資格。從第四輪起，該隊則缺號比賽，直至該場決出勝負，比賽結束。

這項新的規定在《1996修改條文》中還指出：暫在全國性和省、直轄市、自治區以及計畫單列市、行業系統一級的正式門球比賽時試行。省、區、市和計畫單列市以下一級的比賽不受此限。

② 撞擊他球後，如自、他球成接觸狀態，或自、他球都緊貼球門柱終點柱時，應先踩自球後，再撿拾他球、放球，進行閃擊，否則，為觸球犯規。

③ 出現下列三種情況時，擊球員可以請求裁判員確認：

A. 自球與他球是否成接觸狀態；

B. 自球或他球是否與閘柱、終點柱緊貼；

C. 壓在球門線上的球，是門前球還是門後球。一經擊球員請求發問，裁判員便要立即予以確認，並告知本人。

④ 新規定了隊員及教練員的權利與義務。有六條，即「一、隊員及教練員必須領會、遵守正式《門球競賽規則》；二、隊員及教練員必須服從裁判員的判定；三、隊員及教練員不僅對裁判員，而且對參賽對方隊員、本方隊員以及觀眾，必須講求禮儀，樹立良好的體育道德風尚；四、隊員及教練員不得有為掩蓋本隊犯規行為和有意影響裁判員判定的言行；五、隊員及教練員必須避免以拖延比賽時間為目的的行動；六、教練員及隊長必須對全隊成員的言行負責。」

對《1994 門球競賽裁判法》的修改有以下幾方面

（1）補充或重申的條款

① 當總記錄台宣佈「比賽時間到」的信號與場上主裁判員的呼號同時出現時，主裁判員呼號有效。

② 裁判員從計時起，到「8 秒」時，必須向擊球員報告「8 秒」，超過 10 秒，還未擊球或閃擊擊球，即判為「10 秒逾時犯規」。

③ 比賽結束後，主裁判員認為比賽無異議時，可直接宣佈比賽結果（由記錄員統計的分數），不必先由記錄員報出每人的得分數（如隊員有疑問時，主裁判員再請記錄員報出個人得分）。

（2）新增加的條款

① 教練員（或隊員）專任臨場指揮員時，必須在規定的待機區內指揮；上場隊員（包括教練員兼隊員）指揮時，必須在離自球最近的限制線外指揮，並不得干擾或延誤比賽（即非上場隊員指揮，都在待機區，上場隊員指揮，在自球界外附近）。省、直轄市、自治區以及計畫單列市、行業系統以下一級的比賽不受此限制。應大力提倡指揮員與上場擊球員的默契配合，少跑動，不喊叫，互為尊重，賽出風格，賽出水準。

② 對裁判員失誤的處理，仍按《1994 門球競賽裁判法》第五章第二十一條執行。現增加「如錯誤處理球時，必須及時（迅速）糾正。如下一號擊球員進場並擊了球，則不再糾正。形成的局面成立，比賽繼續進行」。

9.《1999 門球競賽規則裁判法》新修訂的與比賽、執裁關聯緊密的主要條款有哪些？

（1）常用的名詞術語有更改

起始區改為開球區，待機區改為替換席，槌頭端面改為擊球面，擊球順序表改為擊球順序名單，有效、無效改為成立、不成立，合法、不合法改為正當、不正當，滾動、晃動改為動態。

（2）在《總則》中，確定了利益均等的原則

明確規定：雙方在條件、機會、權利等方面都應均等。從而便於裁判員在執裁中，對移動了球位、投機取巧現象給以限制，做到公正裁決。

（3）球隊的組成

強調「場上必須有 1 名隊長，在左臂上佩戴標誌，無隊長時，不能比賽」。

（4）明確了「替換的規定及犯規的處理」

① 每場比賽可有兩次替換。

② 替換下場的參賽隊員不得再參加該場比賽，替換時不准替換擊球員（即在場上仍有擊球權的參賽隊員）。

③ 上交擊球順序名單後的替換，即為正式替換。

④ 違反本款規定時，令犯規者退場，被移動球放回原位。

（5）隊長的權利和義務

明確了「隊長的職責是管理本方隊員，對其一切言行負責，保證比賽的正常進行」一款，又增加了「不得有掩蓋犯規和影響裁判工作的行為」一款。

（6）妨礙比賽

明確規定了對妨礙比賽行為的處理辦法。

主裁判員有權對妨礙比賽的行為責任者，根據情節輕重，依據規則、規程、賽會的臨時規定作出處理。處理的檔次分為：

① 警告。

② 停止擊球或同隊下一號參賽隊員的擊球權。

③ 判擊球員的球為界外球。

④ 取消該號隊員的比賽資格（缺員比賽），其球在場上狀態不變。

⑤ 取消該號隊員該場的所有得分（其球取出場外）。

⑥ 取消全隊該場比賽的資格和所有得分，判對方獲勝。

（7）比賽結束

在比賽進行中，若紅隊5名參賽隊員都已滿分時，白隊還有1次擊球權，擊球結束後，再宣佈比賽結束；若正趕上白隊的輪及隊員已滿分，或為界外球，缺員比賽時，則當即宣佈比賽結束。

若白隊在比賽中，首先都已滿分時，則當即宣佈「比賽結束」。

（8）擊球、觸球

① 確定了擊球的新概念：擊球是指擊球員用擊球面擊打靜止的自球，使球產生動態為正當擊球，除此以外的擊球為犯規。規定了擊球允許的動作：擊球過程中，擊球面先觸及地面或草坪再擊到球為正當擊球。

② 對擊球權結束的時間確定為：擊球員擊出的球無過

34

門、無撞擊、球出界、滿分或犯規時，擊球權即告結束。

③ 10 秒犯規：補充規定，在比賽中即或裁判員忘報「8 秒」，而擊球員在事實上已經超過 10 秒時，裁判員可以直接判定逾時犯規。

④ 具體闡述了何謂推球、何謂連擊。

⑤ 又重新確定了擊球員的身體、攜帶物觸及場上的球，為觸球犯規。

⑥ 取消了隔球門或終點柱的間接觸及靜止球犯規，把被移動的球放回原位。例如，界外球擊入場內碰撞球門、終點柱間接移動了貼靠在門柱或終點柱上的球，不為犯規。再如，擊球員由於擊球或閃擊球而觸及了門柱或終點柱，間接移動了貼靠在門或柱上的他球，不為犯規。

（9）通過一門

① 必須將自球放在開球區內，也可以壓線擊球，不為犯規。球的投影在開球區線外為犯規。

② 自球通過一門後，撞擊並佔據他球位置時，先將他球恢復原位，再把自球放在運動軌跡上，靠近在他球的後方。

（10）閃擊

① 強調了「向界外閃擊時，踩球前必須指示方向」，而不是「應該指示方向」。

② 規定把他球放在比賽線外閃擊為犯規，判自球為界外球，他球放在自球的位置。而閃擊出的他球，經撞球門、終點柱或另一他球反彈回來觸及了擊球員的腳，為觸及滾動球犯規，判自球為界外球。

③ 取消了撞擊後，自、他球相距較近，可先踩自球後

拾他球的規定，新規定先拾後踩。

（11）撞擊終點柱

① 作了一個特殊規定。擊球員擺放被撞他球與終點柱成接觸狀態時進行閃擊，只為一次正當閃擊行為。例如，把已過三門的他球貼柱閃擊，則是撞柱不得分。

② 確定了撞柱的新概念。經正當方式使已過三門的球，在運動過程中，觸及終點柱為撞柱。按照這個定義，便取消了已過三門的球貼靠終點柱，當另一未過三門的球從對面撞了終點柱移動了貼柱球為撞柱獲滿分的規定。即貼柱球不算撞柱，不得分。

（12）對棄權、拒絕比賽、非法上場三項違規，均判對方獲勝。按 20：0 處理（個人得分視為 5 ＋ 5 ＋ 5 ＋ 3 ＋ 2）。

（13）勝負的判定

對同分決勝期比賽的程式增加兩項：

① 在以單雙號一個對一個按順序通過一門仍未決出勝負時，由裁判員在開球區內，另行指定放球位置通過一門，決出勝負。

② 如果仍未決出勝負時，由主裁判員臨時決定勝負辦法。

（14）裁判員

① 臨場裁判員改由主裁判員、副裁判員、記錄員各 1 名組成，司線員可根據情況酌定。

② 主、副裁判員都有權按規定精神，對規則中無明文規定的問題，作出臨時決定。

（15）裁判員手勢

圖 1

「準備完畢」手勢改為直臂經前上舉，拳心朝前。見圖 1。

10. 2004《門球競賽規則裁判法》有何特點？有哪些新規定？有哪些更改變化？

2004《門球競賽規則裁判法》（本書為了敘述方便以下簡稱《04 規則》）是經充分調查研究，多方徵求意見，反覆推敲，從中國門球運動現狀實際出發，前瞻國際門球運動發展形勢的需要，最後確定以《2003 年國際門球競賽規則》為藍本而修訂的。由中國門球協會主編，經國家體育總局社會體育指導中心審定，於 2004 年 12 月正式出臺。

（1）《04 規則》的特點：

其特點是條款清晰，舉例恰切，圖例規範，語言明

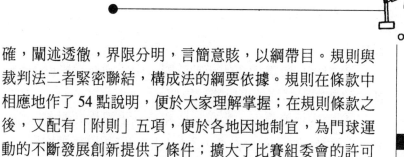

確，闡述透徹，界限分明，言簡意賅，以綱帶目。規則與裁判法二者緊密聯結，構成法的綱要依據。規則在條款中相應地作了 54 點說明，便於大家理解掌握；在規則條款之後，又配有「附則」五項，便於各地因地制宜，為門球運動的不斷發展創新提供了條件；擴大了比賽組委會的許可權，全規則有 6 處可由競賽組委會視情況決定。

（2）新規定的主要條款：

① 重新確定了教練員的地位。

② 劃分了有效比賽行為和無效比賽行為。

③ 區分了有效移動與無效移動的界限。

④ 撞擊成功後的密貼球由擊球員自行移開，所產生的移動為無效移動。

⑤ 如果擊球前自球已與他球密貼，只需擊打自球，自、他二球離開，即使他球未產生移動，也為撞擊有效。

⑥ 當進行同分決勝，擊球員按 1～10 號依次擊球通過一門，沒有決出勝負時，也可以不進行第二個程式，一對一的擊球過一門。根據比賽性質，可以由組委會決定，直接判為平局。

⑦ 計算循環賽成績，排列名次，採用新的更為簡捷的四步計算方法。

⑧ 在條款之後的附則中，有「允許放棄過一門」「同一號球如三輪沒有通過一門則失去比賽資格」等五項，可由各地區、各單位選擇使用。

（3）更改變化的主要條款：

① 球門橫樑下沿距地面由 20 公分改為 19 公分。

② 球隊的組成，其中替換隊員由 2 名以內，改為 3 名

以內。

③對專任臨場指揮的活動位置，由必須在替換席內指揮，改為在限制線外可以隨球指揮。

④國內比賽棄權、拒絕比賽和非法上場均判對方隊以15：0獲勝，個人得分計5＋3＋3＋2＋2（原規則均判對方隊20：獲勝）。

⑤取消了原規則的臨時固定。擊球員可以請求裁判員給予臨時移開的球還保留兩項。即一門前影響過一門和在邊線外附近的他球影響擊球員擊球的球，撞擊成功後，自球與他球，或被撞擊他球又與另外他球密貼，則由擊球員自行移開，再進行閃擊。

⑥擊球員可以請求裁判員確認的範圍，原規則為3項，新規則為11項。

⑦球槌擊球面擊打到球門或終點柱而使貼靠在門、柱的他球產生移動，為間接移動，原規則不算犯規，間接移動無效，擊球員仍有擊球權，現規定為觸球犯規。

⑧正當擊球後，球碰球門或終點柱產生振動，使原貼靠在門、柱上的他球移動，為有效移動，而原規則為移動不成立。

⑨密貼在終點柱上的已過三門的球，由未過三門的球，從對面碰柱，而使其移動，該球算滿分。原規則規定：球必須朝柱的方向觸及（撞及）滿分才成立，離開柱的方向撞柱不成立。

⑩原規則規定：擊球員的身上攜帶物或褲角、衣袖及掉下來的帽子觸及球均為觸球犯規。現規定：擊球員服裝邊沿、衣袖、褲角或所戴帽子掉下觸及球，不為犯規（但

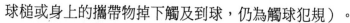

球槌或身上的攜帶物掉下觸及到球，仍為觸球犯規）。

⑪ 擊球員可以在踩穩自球以後再撿他球，原規則規定先拾後踩。

⑫ 在閃擊過程中造成自球或他球的移動，為無效移動，被移動的球放回原位。原規定為觸球犯規。

⑬ 閃擊後，被閃擊的球碰上球門柱或終點柱，遇阻後，反彈回來靜止後與自球密貼（或接觸）為閃擊犯規。而原規則，則視為閃擊成功，裁判員將球臨時移開後，可繼續擊球。

⑭ 裁判員判 10 秒逾時犯規前，一定要報「8 秒」，而原規則，裁判員沒報「8 秒」時，也可以直接判「10 秒逾時」犯規。

11.在比賽中，教練員、指揮員、運動員、裁判員都應熟知和掌握的執裁要點有哪些？

關係到準確執行門球規則和裁判法的要點有七個方面。

一是教練員是全隊的統領。

二是能夠準確認定、劃分兩個「有效與無效」，即有效比賽與無效比賽的界限、有效移動與無效移動的區別，並能應用規則條款，對這四個概念的總括，具體實施於比賽實際之中，正確解決處理各種行為。

三是熟知三個特殊規定（球通過一門、界外球進場、撞擊終點柱）。

四是熟知比賽中的四個允許：

（1）有 2 項妨礙擊球時，擊球員可以請求裁判員給臨

時移開；

（2）撞擊成功後，有密貼球時，擊球員可以自行移開；

（3）有 11 項擊球員可以要求裁判員給予確認的球；

（4）閃擊過程中的 6 項允許行為。

五是熟知 5 種「自球放到界外」。

六是熟知 6 種犯規，及如何避免，如何判處：

（1）「10 秒」超時犯規；

（2）擊球犯規；

（3）撞擊犯規；

（4）閃擊過程犯規；

（5）觸球犯規；

（6）妨礙比賽犯規。

七是接受新規則的新規定，並掌握運用於比賽實際之中，相應地摒棄原規則的原規定。與執裁關聯緊密的，除上述的「必須報出 8 秒」「兩個有效與無效」「11 項確認」「密貼球的處理」等，還有以下條款：

① 正當擊球後，球碰球門，終點柱產生振動，使原貼靠在門、柱上的他球移動，為有效移動。

② 球槌擊球面打到球門或終點柱，而使貼靠在門、柱的他球產生移動為間接移動，視為犯規。

③ 擊球員服裝邊沿、衣袖、褲角、所戴的帽子掉下觸及球，不為犯規。

④ 擊球員可以在踩穩自球以後，再撿拾他球。

⑤ 如果擊球前自球已與他球密貼，只須擊打自球，自、他球離開，即使他球未產生移動，也為撞擊有效。

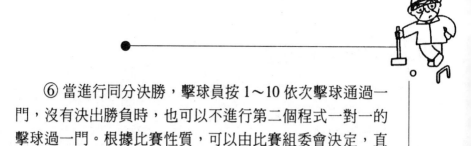

⑥ 當進行同分決勝，擊球員按 1～10 依次擊球通過一門，沒有決出勝負時，也可以不進行第二個程式一對一的擊球過一門。根據比賽性質，可以由比賽組委會決定，直接判為平局。

⑦ 國內比賽棄權、拒絕比賽、非法上場均判對方隊以 15：0 獲勝。個人得分計 5＋3＋3＋2＋2。

12.如何解釋下列描述球的狀態和擊球員動作行為的名詞？

（1）擊球、撞擊、閃擊、閃擊過程

按規則的要求，正當擊打自球為擊球，擊自球撞碰他球為撞擊，閃擊是閃擊過程中的一個環節。當撞擊成功了，自球與被撞他球都在場內停穩，這時便是閃擊過程的開始，擊球員就可以撿拾要先閃擊的他球。接下來便是閃擊過程中的一系列動作：踩自球、放他球、揮桿閃擊自球、抬腳，到此閃擊過程完結。

（2）閃擊權、續擊權

按規則的規定，當撞擊成功了，擊球員即獲得與被撞他球同等數量的閃擊權（閃擊被撞他球的權利）、續擊權。利用閃擊權，以擊打自球，發出的衝擊力，將他球閃送到新的目標點。規則要求優先閃擊，之後再續擊。續擊權即是擊球員可以繼續擊自球的權利。利用續擊權，可以撞擊他球，可以擊球過門或撞柱，可以將自球打向新的目標點。

（3）移動、移開、撿拾

移動是指球的位置有所遷動。移開就是挪開，將球挪

到一旁,不受其阻礙,屬於平地動作。撿拾則是擊球員用手將球從地面拿起來,屬於由下而上的動作,是進入閃擊狀態的開始。

(4)觸及、接觸、密貼、緊貼、貼靠

當自球觸碰到了他球、門柱、終點柱時,即為觸及。有了觸及便是有了接觸。在門球這個語言環境裏接觸一詞的所指並不單一,用之較為廣泛。它可以表達在不同的情況下,球與球、球及閘柱、終點柱之間的相互狀態的。彼此的接觸有兩種不同狀態:一是二者之間緊密相挨,中間沒有縫隙,或者幾乎沒有縫隙。這種狀態表現在球與球之間,則稱之為密貼,表現在球及閘柱、終點柱之間,則可稱之為緊貼(密貼與緊貼是同義詞,都是表達靠近程度的)。貼靠在語義上是指有主有從,門柱、終點柱是靜止物,為主體,球為從體,貼靠是說球緊挨在門柱、終點柱旁,中間即或有點縫隙,但門柱、終點柱被振動時,也能使其出現移動,否則,不算貼靠。

(5)取消擊球權、擊球權結束

取消擊球權與擊球權結束都是指停止擊球,但二者性質不一樣。取消擊球權是由於犯規而停止擊球;擊球權結束是指自然停止擊球。例如,撞擊未中,過門、撞柱未成功,自球出界等。

13. 如何理解有效比賽行為、無效比賽行為?

有效比賽行為包括正確的比賽行為和犯規的比賽行為。這些行為都是按照門球競賽規則的規定,由裁判員依照比賽程式、時間而呼號參賽隊員(擊球員)按時入場擊

球、閃擊球，從而與對方展開較量的行為表現。球的移動可能是有效移動，成立，也可能是無效移動，不成立。每一桿球均是在裁判員監視之下，依據裁判法衡量、判斷擊球員的行為是屬於正確有效，還是屬於失誤失效。比賽是在規定的時間內正常有序地進行。

而無效比賽行為則是在裁判員用時期間，沒有經過裁判員的允許，不論是擊球員還是其他隊員而出現的各種球的移動行為，比賽不予承認，皆為無效比賽。

14. 哪些時間是裁判員用時？

裁判員用時是指裁判員處理有關比賽事項所用的時間，包括擊球權結束或犯規行為發生，到下一個擊球員被呼號之間的時間和裁判員用來回答隊長提問所用的時間。

15. 如何理解有效移動、無效移動？

有效移動是擊球員符合競賽規則的規定，正當擊球（續擊、閃擊）而產生的球的移動，均為成立有效。可以通俗地理解為這種移動是算數的。

無效移動的產生，其行為有多種。例如，由犯規造成的移動；由無效比賽行為而產生的球的移動；自球通過一門前（後）使他球產生的移動；界外球進場，隔門柱、終點柱間接觸及他球產生的移動；界外球進場未成功，其球的移動；滿分球的移動；擊球員觸及球門、終點柱造成他球的移動；閃擊過程中，造成自球或他球的移動；還有裁判員認定的其他種種球的移動。以上這些移動皆為無效移動，也就是「不算數」，須將移動的球恢復原位。

16.門球規則對門球比賽場地的規定，前前後後都有哪些修改變化？

1985 年國家體委制定的《門球競賽規則》規定：比賽場地為長方形。分為大型的和小型的兩種。大型的長 25 公尺、寬 20 公尺，小型的長 20 公尺，寬 15 公尺。四周的界線稱為比賽線（線寬度為 2 公分），在比賽線外的四周 1 公尺處再圍一條線，稱為限制線。

《1990-1993 門球競賽規則》又有所補充，即明確了比賽線與限制線之間的區域，稱為限制區。

《1994 門球競賽規則》對比賽場地的面積則更改為：由比賽線標出的長 20～25 公尺，寬 15～20 公尺，在這個限度內，劃定個長方形即可，不一定非得長 20 公尺或 25 公尺、寬 15 公尺或 20 公尺，但不能是正方形。這就是說，對比賽場地的長與寬限定一個幅度，可以在這個幅度之內，視已有的土地條件，規劃場地的長與寬就可以了，沒有指定的要求。場地應為略帶沙的土地或草坪，地面平整，無障礙物。

《04 規則》與《1994 規則》對比賽場地的要求相同，參見圖 2。

17.門球規則對起始線、起始區、開球區的規定都是怎樣變化的？

自從 1996 年 4 月 1 日執行《1996 修改條文》起，已將原規則所規定的起始線改為起始區。起始線長 2 公尺，是在四線上距一角頂點 1～3 公尺之間的線段。起始區是從

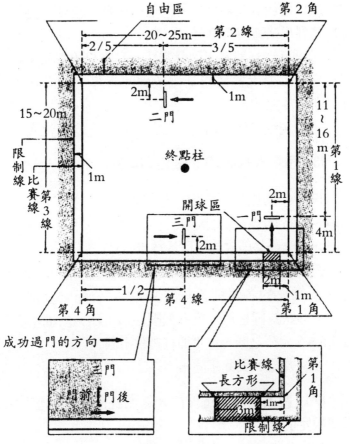

图2 場地

說明：場地尺寸、線的寬度及顏色等由比賽組委會確定。

四線一角頂點起，向四角方向直線延伸到 1～3 公尺的兩個點，再由此兩個點各垂直延至限制線外沿的兩個點。在這四個點連接線範圍內構成的區域，即為起始區。擊自球過一門時，以前是必須將自球擺放到起始線上，現在則是必

須將自球擺放到起始區之內的任何一點。自球（投影）不得接觸到起始區四條線上。

《1999 門球競賽規則裁判法》又將起始區稱謂更改為開球區，並且允許將自球擺放到四條線上，但擺放到線外，則視為犯規。

《04 規則》與此相同。

18. 門球規則對球槌的規定有何變化？

1985 年的原規則規定，球槌柄長不得少於 70 公分，1990～1993 的規則對此改為柄長不得少於 60 公分，1996 年規則修改條文則改為槌柄長為 50 公分以上。

對槌頭，《1996 修改條文》改為長度在 18～24 公分之間（原先的各規則都規定為長 24 公分，直徑 4.5 公分）；形狀為圓柱形，或近似圓柱形；槌頭兩端平面直徑為 3.5～5 公分之間。重量與材質暫不限。

《04 規則》與此相同。

19. 比賽場內的三個球門、終點柱的規格和位置都是怎樣規定的？

三個球門都用直徑 1 公分（±1 毫米）的圓形金屬棒製成，其形狀為 ⊓ 狀，球門橫樑下沿距地面 20 公分，兩門柱內寬為 22 公分。

一門的位置是，球門線與四線平行，其中心與一線外沿垂直距離 2 公尺，與四線外沿垂直距離為 4 公尺。

二門的位置是，球門線與一線平行，其中心與二線外沿垂直距離為 2 公尺，與一線外沿垂直距離為二線全長的

3／5。

　　三門的位置是，球門線與三線平行，其中心與四線外沿垂直距離為 2 公尺，與三線外沿垂直距離為四線全長的 1／2。

　　終點柱是用直徑 2 公分（±1 毫米）的圓形平頂金屬棒製成。高出地面 20 公分，位置在四個場角的對角線的交叉點上。

　　《04 規則》對此除球門橫樑下沿距離地面改為 19 公分之外，其他均與此相同，參見圖 2。

20. 何謂待機區、替換席？

　　待機區是 1994 年的《門球競賽規則》新規定的，它設置在比賽場地限制線外（自由區內）的兩個適當地點，以不妨礙隊員的活動為原則。當正式比賽時，紅、白雙方各佔用一個（由白方先選）。待機區是專門供給球隊非上場隊員，例如，替換隊員、已滿分隊員、不直接上場參賽的教練員觀看比賽和休息的場所，也是專任臨場指揮員的活動區域。

　　省級以上的比賽都要執行這一規定。省級（不含省級）以下的比賽，由於比賽場地的所限，同時比照《1996 修改條文》（第 20 頁）規定：省級以下比賽，不論是非上場隊員指揮，還是上場隊員指揮，指揮時所處的位置都不受此限制的規定。從現實情況看，一般都沒有專設待機區。《1999 門球競賽規則裁判法》將待機區的稱謂更改為替換席。

　　《04 規則》將專任臨場指揮活動地點改為在限制線外，可以隨球指揮。

21. 一門前允許臨時移開他球的區域是怎樣規定的？

《1994 門球競賽規則》規定：擊球員認為一門前有妨礙過門的球，可向裁判員提出要求，臨時移開。這是一條新的規定。它的區域是自開球區線的前沿兩端，各向外

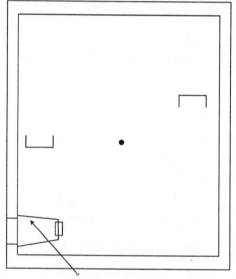

（左右）延長 10 公分，和一門兩柱各向外延長 10 公分，到一門後 7.5 公分的梯形範圍內，屬於一門前允許移開他球的區域（圖 3）。在這個區域之外有他球時，則不允許移開。

《1999 門球競賽規則裁判法》對此也有同樣的規定。

《04 規則》對此則簡化為：一門前

圖 3 一門前允許臨時移開他球區域

（包括球門線後一個球的距離）的球，如果妨礙擊球過門，經擊球員申請，裁判員予以臨時移開。

22. 一支球隊由哪些人員組成？領隊是否算球隊成員？

一支球隊由教練員 1 名，隊員 5～8 名（其中 1 名為隊長）組成。教練員如果兼任球隊成員時，則包括在隊員名

額之內。領隊屬於行政領導,不包括在球隊成員之內,如果兼任球隊成員時,則包括在球隊成員之內。

23. 球隊的每位成員在比賽現場,可能以哪幾種身份出現?

在比賽的全過程中,處在不同的情況下,將可能以下列八種身份出現:教練員、臨場指揮員、隊長、參賽隊員、擊球員、替換隊員、滿分隊員、被替換下場隊員。以上八種身份,並不是各有專任人員,而是隨著比賽時間的進展,將會隨時變換,以不同的身份出現。例如,當參賽隊員由裁判員呼號後而進場,便是擊球員,而自球撞擊終點柱獲得滿分之後,又變成為滿分隊員。

24.《04規則》對教練員和隊長的職責,都是怎樣確定的?

《04規則》確立了教練員在全隊的核心地位,由教練員統領全隊,並對全隊的言行負責,指定隊長,比賽時擔當臨場指揮(也可以委任本隊其他人員擔任臨場指揮),申請替換隊員,申請缺員比賽。

平時日常工作,教練員要依據提高球隊水準的需要,有計劃地進行教學培訓。

隊長則負責賽事的一些具體工作。例如,選擇先攻、後攻和替換席,提交擊球順序名單;比賽結束後在成績單上簽名;賽中及時向裁判員提出詢問;需要時,可以代行教練員的職責;隊長代表全體隊員,也要對全隊的言行負責。

25. 怎樣舉行比賽入場儀式？

舉行入場儀式是正式比賽時的一項必需程式，按照比賽時間表確定的比賽時間，由主裁判員集合雙方隊員，手持槌棒，在比賽場地的四角排列成紅、白兩路縱隊。

紅隊的由前到後的次序是：主裁、記錄員、指揮員、1、3、5、7、9號隊員、替換隊員；白隊的由前到後的次序是：副裁、司線員、指揮員、2、4、6、8、10號隊員、替換隊員。然後由主、副裁帶隊走向一角。紅隊排頭走到臨近開球區線時停下，全隊沿四線的限制線排列，左轉身面朝場內。白隊排頭繼續領隊前進，經過一角沿一線行走。當排尾到達橫向一門處停下，全隊沿一線排列，左轉身面朝場內。這時，主裁、副裁、司線員、記錄員走入場內，也要各就各位，主、副裁居中，司線員、記錄員於左右兩側，面朝一角，一字排開，排列在一門的左斜前方接下來，由記錄員核對雙方上場隊員是否與報名表、比賽順序名單相符合，如有出入時，不允許參加該場比賽，進行及時處理。主裁宣佈比賽注意事項及臨場規定，並檢查服裝、鞋、球槌、號碼標誌是否符合要求。

之後主裁向雙方隊員宣佈：本場比賽是由某某隊與某某隊，主裁、副裁、司線員、記錄員的姓名。這些程式經過之後，雙方互相致意，入場儀式即為結束。雙方隊員從場地上揀起由裁判員事先已經擺放好的「自球」，白隊走向一角左側，按擊球順序號插入到紅隊中間，這時，轉入「準備活動」。

26. 臨場指揮由誰擔任？指揮的地點在何處？

臨場指揮應由教練員親自擔任。但當教練員不在時，可以由隊長代其擔任，也可以由教練員委託本隊的某成員擔任。指揮地點在限制線外，允許隨球走動，靠近擊球員。這是《04 規則》的新規定。

27. 比賽時，參賽隊員的等待位置是怎樣規定的？擊球員不在距自球最近的比賽線外等候，該如何處理？

替換席是專供教練員、替換隊員和已滿分隊員的休息處。上場參賽的擊球員則應該在距自球最近的限制線外等候。擊球員如果做不到這一點，屢屢離開規定的位置時，則視為是「妨礙比賽」的一種表現，初犯時，可以給以警告，令其回到距自球最近的限制線外等候，屢教不改者，則可以視情節，提高判罰「妨礙比賽」的檔次。

28. 門球規則對指導犯規是怎樣規定的？

自從 1992 年國家體委下發的門球競賽規則和門球裁判法修改條文，即取消了指導犯規。隊長、參賽隊員、替換隊員都可以參與指導。這樣，就廢除了在此以前各規則所規定的：隊員不得與擊球員講話。但是，由於有 10 秒逾時犯規和妨礙比賽犯規的限制，以及文明比賽的要求，從實踐中看，行之有效的還是由臨場指揮員一人執行指導為好，當關鍵處可能出現失誤時，其他成員可以提醒臨場指揮員（而不是代替指揮），這樣就可以避免七嘴八舌、多頭指揮的現象發生了。

29. 何謂棄權、拒絕比賽、非法上場？該如何判處？

比賽開始時，在指定的時間內，某隊未到比賽場地，或不足 5 名參賽隊員，或到場地提出放棄比賽，則判該隊為「棄權」。比賽因故中斷後，當裁判員宣佈開始繼續比賽，而某隊拒不執行時，可判該隊為「拒絕比賽」。當裁判員發現某隊有未經承認合法的隊員上場參賽時，則可判為「非法上場」。

對上述三種情況，應視為球隊違例。按照《1994 門球競賽規則》的規定：取消該隊得分，對方隊以 15 比 0 獲勝，比分記 15：0，積分記 0（註：15：0 的個人得分記為 2 個二門、2 個三門，1 個滿分）。

而《1999 門球競賽規則裁判法》對判處比分，則更改為 20：0（個人得分記為 5＋5＋5＋3＋2）。

《04 規則》仍更改為 15：0，對方隊獲勝。

30. 在什麼情況下允許缺員比賽？

對缺員比賽，在《1994 門球競賽規則》第三章第十七條第 2 款（4）項，有明確的規定。在比賽進行中，有的上場參賽隊員，因為某種原因，不能繼續參加比賽時，可以由教練員或隊長向主裁判員請求，經主裁判員同意後，可以進行缺員比賽。比賽繼續進行。

31. 當實行缺員比賽時，對其留在場內的球該怎樣處理？

在《1994 門球競賽規則》第三章第十七條第 2 款（4）

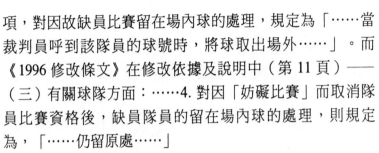

項，對因故缺員比賽留在場內球的處理，規定為「……當裁判員呼到該隊員的球號時，將球取出場外……」。而《1996修改條文》在修改依據及說明中（第11頁）——（三）有關球隊方面：……4.對因「妨礙比賽」而取消隊員比賽資格後，缺員隊員的留在場內球的處理，則規定為，「……仍留原處……」

為了使這兩種缺員比賽留在場內的球處理取得一致，所以《1996修改條文》又規定：取消《1994門球競賽規則》中的「當裁判員呼到該隊員的球號時，將球取出場外」的條文，更改為「該隊員的球仍留原處，在此之前的得分有效」。這就是說，因故造成缺員比賽留在場內球的處理，也要與因妨礙比賽被判罰而造成的缺員比賽留在場內球，同樣處理。

以上幾個規則的規定，現在都已經過時，《1999門球競賽規則裁判法》新規定，從1999年9月起則按下列規定執行：「缺員隊員的球若是場內球，仍留在原處，在正常運行中如發生撞擊、閃擊、進門、撞柱得分等均成立，但當其出界後，該球才失去本場的比賽資格。」《04規則》與《1999規則》的規定相同。

32. 比賽中，出現哪11種情況，擊球員可以請求裁判員確認？

確認用時不算裁判用時，又由於有擊球超過10秒犯規的要求，所以請求確認，話語必須簡練，只能是一問一答。

（1）確認成功過門。

（2）確認成功撞柱。

（3）確認成功撞擊。

（4）成功撞擊後，確認自球和他球的接觸情況以及他球之間的接觸情況。

（5）確認壓在球門線上的球是來自門前方還是來自門後方。

（6）確認閃擊時所放他球是否壓在球門線上。

（7）確認通過三門的球是否觸及終點柱。

（8）確認自球與他球是否密貼。

（9）確認成功撞擊的球號。

（10）確認撞擊後自球與被撞擊的球之間的接觸情況。

（11）確認撞擊後被撞擊的球與他球之間的接觸情況。

33. 如何判定某一場比賽的勝負？

每場比賽結束時，必須判定出雙方的勝負。勝負的唯一依據是按獲得分數的多少（按一、二、三門的過門順序，每球過一個門得 1 分，最終撞擊終點柱得 2 分，全隊最高得分為 25 分），多者為勝。一旦兩隊積分相等，則按下列順序判定兩隊的勝負：

① 撞柱多者為勝；

② 通過三門多者為勝；

③ 通過二門多者為勝。

這樣判定，如果仍然不能決定勝負時，便需要進行同分決勝期。

34. 如何進行同分決勝期？

「期」是屬於表達時間的一個概念，例如，「時期」「期間」「期限」「假期」「星期天」等等。「同分決勝期」所指的涵義便是：由於比分相同，應該進入到採取一定的手段，最後決出誰勝誰負的時候了。按照「比賽規則」的規定，所要採取的手段，便是雙方按著球號的順序，重新過一門，以過門的多少決定勝負。其具體做法是：

（1）主裁判員站在一角內側呼號，觀看擊球動作，宣佈得分。副裁判員位於一門後，觀察過一門得分球。切忌球過一門後未停止時攔球。由副裁判員拾起停穩有效的過門球，滾向司線員。司線員位於一門右側一線內，放置得分的球，紅球放在一門橫向後方，白球放在一門橫向前方。將未得分的球，放置到比賽線外。記錄員隨時記分。

（2）決勝開始，由上場參賽隊員，按順序從 1 號開始，依次過一門，過門多者獲勝。如果兩隊又為平分，則把球送還給參賽隊員，再進行第二輪。

（3）第二輪由 1 號球開始，雙方各出一名隊員，進行一對一的過一門（1 號對 2 號、3 號對 4 號……依此類推），至有一方過門，另一方未過門為止，過門的隊即為獲勝。

（4）當第二輪雙方又成平局時，便要繼續進行第三輪決勝。可以由主裁判員在開球區內，指定發球點進行一對一的過一門，直至決出勝隊為止。

《04 規則》的新規定是，視比賽的性質，不需要排列

名次時，由組委會決定，不進行第二輪一對一的擊球過一門，可以直接判為平局。

35. 三輪未過一門，失去該場參賽資格的隊員，當同分決勝時，可否參加？

不參加。因為「同分」是由該場上場參賽隊員，通過比賽而獲得的成績。同分決勝是該場比賽的繼續，所以，需要由雙方比賽的原班人馬參加，失去參加該場比賽資格的隊員，就不能參加同分決勝了。

《04 規則》在條款中，已經沒有同一號球三輪未過一門，失去該場比賽資格這一條了，但是在附則裏還有。比賽組委會可以選擇使用。

36. 已獲滿分的隊員是否參加同分決勝？

參加。因為同分決勝是該場比賽的繼續，該隊員佔有一個球號，在比分相同中，包含了他的球所獲得的分數。

37. 被替換下場的隊員能否參加同分決勝？

不參加。因為該隊員被替換下場之後，他的球號已由替換上場的隊員所有。按《規則》的規定，已被替換下場的隊員，就不能再重新上場參與該場比賽了。所以，同分決勝時，要由替換上場的隊員執桿擊球，參加同分決勝。

38. 何謂擊球員？擊球員的擊球權從何時開始，到何時結束？

擊球員是指被呼號而進場比賽的隊員。從這時開始即

有擊球權。擊球員擊出的球無過門、無撞擊、球出界、滿分或犯規時，擊球權即告結束，該隊員應迅速退到比賽線外。

39. 何謂正當擊球、擊球成立？何謂不正當擊球、擊球不成立？

《1999 規則》將以前各規則所稱謂的合法擊球為有效球，不合法擊球為無效球，更改其稱謂為正當擊球成立、不正當擊球不成立。擊球員按著規則規定的要求，手握槌柄，以槌頭擊球面擊打靜止的自球為正當擊球。在擊球過程中，擊球面先觸及地面或草坪再擊到球也視為正當擊球，擊球成立。這是擊球允許的動作。擊球員不應拒絕擊球。

未按規定動作擊球為不正當擊球而犯規。不正當擊球，擊球後場內被移動的球，所形成的局面，如進門、撞擊、撞柱、出界等都不成立，被移動的球放回原位。

正當擊球，擊球後場內被移動的球，所形成的局面成立，如進門、撞擊、撞柱等。

在一次擊球過程中，前一部分為正當擊球，後一部分為不正當擊球，前一部分正當擊球成立，後一部發不正當擊球不成立。

40. 不正當擊球有哪些？

以《04 規則》的規定衡量，不正當擊球其表現為：

（1）推球、連擊或使用擊球面以外的部位擊球。

（2）擊球員用腳踢槌柄或槌頭，用手擊球槌或手握槌

頭擊球。

（3）間接移動球（槌頭擊球面擊打球門、終點柱、地面而使球產生移動；當球與球門、終點柱接觸，球槌擊球面觸及球門、終點柱而使其產生移動）。

（4）在獲得閃擊權之前擊球。

（5）獲得閃擊權後，沒有閃擊而擊球。

（6）成功閃擊後，在獲得續擊權前擊球。

（7）擊球時沒有將自球置於開球區內而擊球。

（8）擊球時錯擊他球。

（9）自球仍在移動時，擊打自球。

（10）閃擊後，場內球尚未停穩，就續擊。

41. 何謂推球？何謂連擊？

（1）**推球：**在一次擊球動作中，擊球面和自球接觸時間較長並有伴送動作的現象為推球。擊打界外球壓線入場時，易發生推球現象。

（2）**連擊：**在一次擊球動作中，看到或聽到擊球面與自球有兩次或兩次以上觸及為連擊。當自、他球距離較近，以同方向用力擊打自球並撞擊他球時，易產生連擊現象。連擊也包括在很近的距離自球碰球門或終點柱反彈回來，自球與擊球面接觸。

42. 關於球的臨時移開和臨時固定，《04 規則》是怎樣規定的？

這一問題，《04 規則》與原規則相比更改變化很大。

《04 規則》取消了擊球員請求裁判員給予臨時固定他

球的這一條款。

對原規則的「臨時移開」保留兩項：

① 擊球員可以申請臨時移開妨礙通過一門的他球（包括門線後一個球的距離）。

② 擊球員擊球，如果認為處在邊線外附近有妨礙擊球的他球，可以要求裁判員臨時移開。

妨礙擊球是指妨礙站位、妨礙揮桿、妨礙擊球方向。只能移開界外的他球，界內的他球不予移開。擊球完畢，裁判員立即將移開的球恢復原位。

《04規則》新規定：撞擊後，自他球密貼時，擊球員可以自行移開後再閃擊，所產生的移動為無效移動。由於有了這樣的條款，對原規則的必須申請移開和必須申請臨時固定，就沒必要存在了。

43. 擊球員怎樣自行臨時移開被撞擊又為密貼的他球？

當撞擊成功後，自球與兩個以上被撞擊的球密貼時，擊球員可以自行臨時移開準備後閃擊的他球。可以一次臨時移開一個密貼他球，也可以一次臨時移開兩個。

擊球員撿拾被撞擊的他球時，使密貼球產生移動不為犯規，由裁判員把被移動的球放回原位。如果被撞擊的他球移動後停止，與另一個他球直接或間接接觸時擊球員可以撿拾起被撞擊的他球。被臨時移開的他球不得放在對比賽有障礙的地點（可以再次移開）。未與自球密貼的被撞擊的他球，不得臨時移開。

44. 場上該輪及某號上場隊員進場擊球,當裁判員還沒呼號時,他就進場又擊了球,該怎樣判處?

由於裁判員還沒有呼號,該隊員便稱不上是擊球員,所以不為犯規。可以提醒他以後多注意。將球恢復原位,令其迅速退到場外,裁判員呼號後,再重新進場。按《04規則》衡量,這是在裁判員用時期間非擊球員進場擊球,屬於無效比賽行為。

45. 擊球時,是否允許平整場地?

《1992修改條文》規定:取消平整場地犯規,但要執行10秒逾時犯規。這就是說允許平整場地。在此以前,比賽中,擊球員不得平整場地,只是允許擊球通過一門時,可以平整起始線附近的場地,而且,不允許用球槌平整(見《1990–1993門球競賽規則》第三十條)。《04規則》取消了幾項非技術性犯規,平整場地是其中的一項。

46. 在什麼情況下,才能獲得續擊權?怎樣計算續擊權的次數?

自球撞擊他球成功後,便可以得到閃擊權和續擊權,在一次擊球中,撞擊幾個他球,就可以得到幾次與撞擊他球同等數量的閃擊權和續擊權。若被撞擊的球出界或滿分時,則失去對出界或滿分球的閃擊權與續擊權。

自球按規定次序通過一個球門後,可以獲得一次續擊權。

由於續擊權的獲得,是用了一次擊球權才得到的,因

此，一般情況下，是用一得一，雙桿是用一得二，三桿是用一得三。

在計算連續獲得續擊權時，不要忘記所用去的一次續擊權。因此，連續打成雙桿時，每次加一桿，連續打成三桿時，每次加兩桿。例如，連續打成兩個雙桿，能得到三次續擊權；連續打成三個雙桿，能得到四次續擊權；連續打成兩個三桿，能得到五次續擊權；連續打成一個雙桿、一個三桿，能得到四次續擊權。

47. 擊球員的閃擊權與續擊權是如何獲得與失去的？

門球規則規定：擊球員以自球撞擊他球成功時，即可獲得與撞擊他球同等數量的閃擊權與續擊權，若被撞擊的球出界或滿分時，則失去對出界或滿分球的閃擊權與續擊權。自球按規定的順序過門，可獲得一次續擊權。如果犯規時，則取消所有的閃擊權與續擊權。

舉例：① 自球在邊線附近，用同一桿擊球，成功地撞擊兩個他球，但有一個他球被擠出界，自球可獲得一次閃擊權、一次續擊權。

② 有個已過三門的自球，獲得兩次閃擊權，使用之後，還有兩次續擊權。用第一次續擊到終點柱附近，用第二次續擊撞擊一個也過了三門的他球，又獲得一次閃擊權、一次續擊權，用一次閃擊權閃送他球撞柱獲滿分，用一次續擊權，擊自球撞柱，獲滿分。

③ 有個尚未過三門的自球撞擊處在終點柱附近的已過三門的他球，並又直接將其撞柱，獲滿分，自球則沒有閃擊權和續擊權，擊球權結束。

④ 自球在三門前過門的同時又撞擊了兩個他球可獲得兩次閃擊權、三次續擊權。但擊球員一不小心用腳踢了附近的另一他球，觸及靜止球犯規，取消所有的閃擊權與續擊權。

48. 何謂「在獲得閃擊權之前擊球」犯規？

自球撞擊他球後，閃擊權的獲得是需要被撞他球在場內停穩時才為真正獲得。因為只有被撞他球停穩之後才算進入閃擊過程。

當被撞他球還在滾動之中，就是還沒有獲得到真正意義上的閃擊權，這時如果觸碰自球，即為在獲得閃擊權之前擊球，《04 規則》將此行為列為擊球犯規之一。

49. 何謂「成功閃擊後，在獲得續擊權前擊球」犯規？

當擊球員將被撞他球閃擊之後，他球在場內還沒有停穩時就續擊，擊打自球，《04 規則》將此行為也列為擊球犯規之一。因為真正意義上的續擊權是在閃擊出去的他球在場內停穩之時或出界、或撞柱獲滿分，才為獲得。

50. 門球規則對「10 秒逾時」犯規是怎樣規定的（如何計算 10 秒逾時犯規的起止時間）？

各次門球競賽規則都規定：擊球員必須在 10 秒鐘以內完成擊球或閃擊擊球動作，如果超過 10 秒鐘，未將球擊出，則判為逾時犯規，失去擊球權。

關鍵是要掌握好 10 秒計時的起止時間。

（1）**擊球**：從裁判員呼號後計起。

（2）閃擊：

① 從自球和被撞擊的他球在場內停穩時計起。

② 閃擊第二個他球，從閃擊出的第一個他球在場內停穩或裁判員宣佈球出界或滿分時計起。

（3）續擊：

① 從自球停止滾動和閃擊出的他球在場內停穩或裁判員宣佈出界、滿分，從宣佈後計起。

② 獲得兩次續擊權時，進行第二次續擊，從第一次續擊自球停止滾動時計起。

（4）臨時移開他球：

① 從裁判員或擊球員自己移開他球後計起。

② 閃擊第二個他球，從把他球放回原位後計起。

上述起始時間，時隔10秒鐘，未完成擊（閃）球動作，即為逾時犯規（當擊球員的槌頭擊球面觸及、擊打到自球時，即為終止計算10秒的準確時間。閃擊時的抬腳時間，便不能計算在10秒時間之內）。

51. 在裁判員數「10秒」的同時將球擊出，是否算「10秒逾時」？

不算。因為規則規定：「超過10秒鐘未擊球（或閃擊擊球），為逾時犯規。」從字面上，也可以理解正在10秒鐘時，就是還沒有逾越過10秒鐘，所以必須在11秒以上，才為「10秒逾時」犯規。

52. 裁判員採用什麼方法,可以確認擊球員是否「10秒逾時」犯規?

裁判員必須具有強烈的時間觀念,對每一桿的擊球、續擊、閃擊、球的臨時移開起始時間都要掌握準確、及時起計。採用默記數數的方法計算 10 秒。當到「8 秒」時,必須向擊球員報告,擊球員如果又超過了 2 秒(共計 10 秒)時,即可判「逾時犯規」。

裁判員必須切忌:

起桿的開始時間不默記,當見到擊球員有猶豫不決,左右改變擊球方向時,突然報「8 秒」,隨後就是「10 秒」,這樣做,是容易出現差錯的。

53. 該過二門或三門的自球,重複撞擊處在二、三門球門線上的他球,他球被頂撞過門,隨之自球也通過二門或三門,自球、他球過門是否有效?自球算不算雙桿球?

由於自球是先重複撞擊犯規,所以,他球被頂撞過門不成立,自球隨之過門也不成立,自然不能算為雙桿球。判處將自球放到距離重複撞擊處的最近比賽線外 10 公分處。

54. 何謂重複撞擊與非重複撞擊,對重複撞擊如何判處?

當自球續擊時,對已經閃擊過的他球,再一次撞擊,即為重複撞擊(包括,續擊出去的自球,碰到球門柱、終點柱、他球,反彈回來,又碰到已經撞擊過的他球)。例

如，自球①號撞擊⑤號球後，閃送過了二門，①號自球通過二門時，擦碰到右門柱，球走斜線，又碰撞到⑤號球。重複撞擊為犯規，判處失去擊球權，將自球放到犯規近處的界外10公分處，犯規時所移動的他球，不成立，恢復原位。

屬於下列情況，則為非重複撞擊：

在同一次正當擊球中，自球與他球再次相碰。例如，自球⑦號撞擊③號他球後，⑦、③號兩個球在滾動中又出現相碰。

55. 球槌打到門柱或終點柱，間接地移動了他球，該怎樣判定？

《1999門球競賽規則裁判法》取消了以往隔球門或終點柱的間接觸球犯規。「球槌打到門柱、終點柱，由門柱、終點柱晃動造成球的移動，不算犯規」。把移動的球放回原位，擊球員仍有擊球權。《04規則》則新規定間接移動球犯規，視為觸及靜止球，屬於無效移動，將移動球恢復原位，取消擊球權。

56. 擊球時，自球撞上了有貼門球的門柱，使貼門球移位，該怎樣判處？自球又是該過這個門的球，碰門柱後，還過了門，又該怎樣判處？

此行為為正當擊球撞上門柱，而使他球移位，為有效移動，他球被移動到哪算哪。被間接移動的球，如果是該過這個門的球，又過了門，過門成立，得分。由於不是直接撞擊，不產生閃擊權、續擊權。自球過門成立，並有一次過門後的續擊權。

57. 爲什麼本書第 55 題間接移動球爲犯規，而第 56 題也是間接移動球就不犯規？

這是因爲二者間接移動球的物件不一樣。第 55 題是由球槌觸碰門、柱而移動的，第 56 題是以自球觸碰門、柱而移動的。

58. 用槌頭擊球面擊到球門柱，而使壓在球門線上的門前球被振動越過了球門線，該怎樣處理？

依據《04 規則》第十二條、第四款擊球犯規……（3）間接移動球：「當球與球門、終點柱接觸，擊球面觸及球門、終點柱而使其產生移動。」視爲擊球犯規，無效移動，過門不成立，將移動的球放回原位，取消擊球權。

59. 閃擊他球時，將他球碰撞到球門柱上，而使另一個貼靠在門柱上，該過門的壓線球被振動過了門，該怎樣判處？

依據《04規則》第十一條一、有效移動和第十六條一、閃擊與成功閃擊他球而產生的任何移動均有效，以及《裁判法》54 頁（五）過二、三門。判處：貼門柱球過門成立，被閃擊的球所形成的局面也成立，擊球員仍有續擊權。

60. 怎樣理解《04 規則》所規定的球槌間接移動球爲犯規？

《04 規則》第十二條擊球，四、擊球犯規（3）間接移動球：②明確規定：「當球與球門、終點柱接觸，擊球

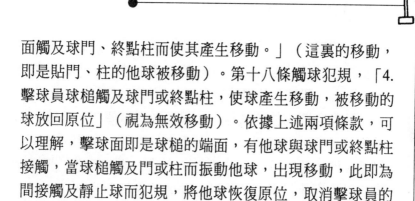

面觸及球門、終點柱而使其產生移動。」（這裏的移動，即是貼門、柱的他球被移動）。第十八條觸球犯規，「4. 擊球員球槌觸及球門或終點柱，使球產生移動，被移動的球放回原位」（視為無效移動）。依據上述兩項條款，可以理解，擊球面即是球槌的端面，有他球與球門或終點柱接觸，當球槌觸及門或柱而振動他球，出現移動，此即為間接觸及靜止球而犯規，將他球恢復原位，取消擊球員的擊球權。

61. 怎樣依據《04 規則》的條款，理解由於正當擊球而直接或間接使貼靠在門柱或終點柱的球移動，均是有效移動？

《04 規則》第十一條一、有效移動，明確規定「擊球員的正當擊球行為使球產生移動稱有效移動。」裁判法第五章四（二）2.「隔球門或終點柱觸及與球門或終點柱接觸的球，使球產生移動（簡稱「間接觸球」），不為犯規。」裁判法第五章四（十）1.「……密貼在終點柱上的球，因未過三門球碰柱而使其移動，該球算滿分；因已過三門球碰柱而使其移動，該球不算滿分。」

從以上條款的規定，可以理解：只要擊球員是按著規則規定的要求，手握槌柄，以槌頭擊球面擊打靜止的自球，即正當擊球（擊球也包含續擊和閃擊）。如果有他球貼靠在門柱或終點柱，擊自球移動後，不論是直接（正面）觸及到貼靠在門、柱的他球，還是自球觸及到門或柱，而間接觸及他球（他球被振動）皆為有效移動。以及除了自球直接或間接觸及貼靠在門、柱的他球之外，還有

被自球閃擊的球，或被自球撞擊的球，由閃擊球、撞擊球而直接或間接使貼靠在門、柱的球產生移動，也是有效移動，因為，擊球員的擊球行為，是屬於正當擊球。

貼靠在門、柱的他球，如果是該過這個門，那麼，移動後過了門，則過門成立；貼靠在終點柱的他球，如果是已過三門的球，撞柱滿分成立（注意：若由已過三門球碰撞終點柱而使已過三門的貼柱球間接被移動，貼柱球則不算滿分）。

直接移動（觸及）他球，可以按規則的規定，獲得被移動他球的閃擊權與續擊權；間接移動（觸及）他球則不能獲得閃擊權與續擊權。這是對二者判處的不同之處。

62. 為什麼由已過三門球觸碰終點柱，從對面間接使已過三門的貼柱球移動，不算滿分？

這是因為任何一個已過三門的球，一旦撞柱，即為滿分，立即失去在場內的一切作用。貼柱球的移動必然是在已過三門球，先撞柱成為滿分球之後才被移動的，所以，貼柱球的移動，不算滿分。

63.《04 規則》第 29 頁說明中規定：「……自球撞擊球門或終點柱後，間接使他球產生移動，他球移動無效，自球移動有效。」而本書第 56 題也是自球撞上了有貼門球的門柱，使貼門球移動，就為「有效移動」，這豈不是矛盾嗎？

並不矛盾，他們是兩種不同的「自球」擊球行為，前者的自球乃是界外球進場，後者的「自球」則是界內球觸

撞門柱而使貼門球移動，所以，判處的結果不能一樣，前者為無效移動，後者為有效移動。

64. 如何理解「擊球員同時對多個他球進行閃擊」為閃擊犯規，如何避免？

當自球成功撞擊數個他球之後，即可獲得與被撞他球同等數量的閃擊權與續擊權。規則規定：優先閃擊。進入閃擊過程的第一個時間，首先就要撿起準備閃擊的被撞他球。撿起哪個球就意味著要閃擊哪個球，不可以來回更換，因此確定閃擊順序要冷靜、認真，不可以馬虎。

自球撞擊他球後，球與球的間距，有的可能是密貼，有的可能呈接觸狀態，間距又大小不一。規則規定，必須先閃擊密貼的，接觸小的，拿球時不可觸及、移動其他球，否則視為犯規。

只可以臨時移開要後閃擊的密貼球。移開密貼球時，移動了密貼的自球或其他密貼的球，不為犯規。

《2004 門球競賽規則》在閃擊犯規的條款中規定：擊球員同時對多個他球進行閃擊，為閃擊犯規。其所指的行為是：

① 自球同時撞擊兩個以上的他球，擊球員撿起第一個要閃擊的球後，又改變了閃擊順序，改換撿起另外的被撞他球。為了避免這種犯規的發生，臨場指揮員與擊球員必須按規則的規定，確定閃擊順序，撿起了第 1 個他球，就絕不再改撿另一個他球。

② 自球同時撞擊兩個以上的他球，閃擊前，擊球員同時撿起多個被撞擊的球。為了避免這種犯規的發生，如果

自球同時與 3 個他球接觸時，需第二次及以後閃擊的他球，可以臨時移開，不予撿起（見《04 規則》第 27 頁）。

③ 當自球同時撞擊兩個以上的他球時，自球與其中的一個被撞他球接觸，臨場指揮員、擊球員，必須掌握先撿起並閃擊這個與自球接觸的球，而且不能觸及其他被撞擊的球，否則即為犯規。

以上三種情況的犯規，都是屬於在放球之前，可判處自球與被撞擊的球放回原位。

另外要注意區別開：把這種同時對多個他球進行閃擊與閃擊完成時，被閃擊的球帶出了另一個待閃擊的球。前者屬於閃擊犯規，後者屬於一次閃擊完成了兩次閃擊任務，為正常的閃擊行為，閃擊有效成立，擊球員仍有同等數量的續擊權。

65. 當年一門戰術的興起情況如何？

一門戰術創始於秦皇島市（1986 年前後），到 1988 年在蘭州舉行第三屆全國老年門球大賽時，河北隊頻頻打出自球過一門後雙桿球，威力特大，引起參賽人們極大的興趣，拍手稱讚。此後，便出現迅速傳播推廣的勢頭，大約又歷經兩年，1990 年舉辦第五屆全國老年門球賽時，便可以看出已被廣為採取、接受，得到了普及。

66. 一門戰術能夠發揮哪些威力和作用？

一門戰術的威力和作用表現在：

（1）儲存力量。當場上的形勢不利於己方時，可以一門留球，以求後發制人。

（2）一門留球能夠控制從一門後到二門前的大片區域。

（3）自球過一門後打成雙桿球，發揮雙桿球的作用。

（4）給一門的留球，培育王牌球，發揮王牌球的作用。

（5）一門留球後，可以伺機再過門，直撞三門前後或二門附近的他球。

（6）為一門的留球，醞釀過一門後，打成平地雙桿球，發揮雙桿球的作用。

（7）派遣接應球，接應一門的留球，為其擦邊到達理想方位創造條件，發揮擦邊球的作用。

67. 一門戰術有何弊端？

一門戰術的起始點，在於先有針對性地放棄球進一門，等待、尋找到時機後，再進一門。一門戰術各種威力球的出現，都是由於採取放棄進一門，實施一門留球的策略而形成的。所以，在比賽中，一方為了遏制另一方出現一門威力球，避免己方陷入被動，便要採取「摻沙子」的辦法，「你放棄過一門」，「我也放棄過一門」，針鋒相對，給對方施加壓力，為己方留出後勁兒。因此，就出現了留球過多，時間過長的單調模式，致使賽場冷清、留球隊員心理不安、觀眾厭煩，不利於門球戰術向更廣更深方面發展。這就是一門戰術的弊端。

68. 如何糾正一門戰術存在的弊端？

經過多方面徵求意見，研究探討和反覆試驗，1996 年

經國家體委審定的《關於對 1994 年門球競賽規則和門球競賽裁判法（部分條文）修改的通知》中，有兩條就是針對一門戰術存在的弊端而採取的新規定：其一，自球通過一門後，直接撞擊一門後的球無效，不為雙桿球，這樣就從規則上取消了一門後的雙桿球；其二，過一門的同一號球，三輪未過門者，該號球和該號隊員即失去繼續參加該場的比賽資格。

這樣，就可以扭轉了一門留球過多、時間過長的現象了，同時，將要把人們從單一的謀求創造過一門後的雙桿球戰術打法，引向新途徑，開闢新球路，豐富、發展一門戰術其他威力球的戰術打法，創造開局的新戰術。

69. 一門戰術是否已經不存在了？

不是。應該說一門戰術仍然存在。雖然，球過一門後撞擊一個他球，不為雙桿球，但這僅僅是一門威力球的一項，被取消了，其他各種威力球的作用依然存在，只是限制在三輪之內發揮。現今的一門戰術轉向趨勢是從一門聯結起二、三門，形成總稱為球門戰術的新戰術。人們的注意力已經投向三個球門，在球門戰術上大做文章，發展、創新。

比賽中，也有技術過硬的參賽隊，審時度勢，敢於指揮具有必保過一門本領的擊球員，在第二輪，甚至第三輪再過一門，爭取場上主動，發揮後發制人的威力作用。

《04 規則》在附則中有「允許放棄過一門」，各地區、各單位可根據本地特點或比賽性質選擇使用。

70. 自球通過一門後，撞擊了一個他球，然後自球出界，自球通過一門是否有效？該怎樣判處？

這種球若按《1994門球競賽規則》的規定，則為通過一門有效，可是現在已經更改。「96修改條文及其說明」，對「有關進一門問題」說得十分明白：自球通過一門時，不論撞擊門前的他球，還是門後的他球，都無效。如果撞擊他球後，自球出界，通過一門無效，將被撞擊的他球放回原位。

《1999門球競賽規則裁判法》在通過一門的規定條款中，也明確：過門後，自球出界（包括碰撞了他球後出界）過門不成立。《04規則》也是這樣規定的。

71. 擊自球過一門後，直接撞上一個他球，而他球被撞出界了，自球卻停留在場內，該怎樣判處？

因自球是通過一門，所以撞上一門後的他球不成立，將被撞擊出界的他球，放回原位，自球過一門成立、得分，還有一次通過一門的續擊權。

72. 自球通過一門撞上一個他球不為雙桿球這一規定是怎麼來的？

自球通過一門撞上一個他球不為雙桿球的這一規定，是來自1996年的門球規則和裁判法部分修改條文，在「有關進一門球問題」中明確：撞擊一門後的球無效（如自球過門後撞擊他球，自他球均停在比賽線內，不作為雙桿球），通過一門有效，並有一次過門續擊權。將被撞擊的

他球恢復原位（擊球員進行續擊時，允許重新撞擊該球）。由此，便從規則的規定上取消了過一門後的雙桿球。這是限制和扭轉一門留球過多，時間過長所採取的一項舉措。

在此之前，例如 1994 年曾有幾次進行全國性門球大賽時，都進行過這方面的試驗，經過多方面研究探討，在成熟的基礎上，才作出這樣的規定的。

73. 球過一門有哪些特殊規定？

球過一門有以下幾項特殊規定：

（1）球過一門必須將球放在開球區內（也可以壓在開球區四周圍線上），由擊球員自行擊球，不能由他人閃送過門。

（2）擊球一次沒過門時，球不能留在場內，交給同一號上場隊員，等到下一輪再重新放到開球區，擊球過門。

（3）《04 規則》在五項附則中，有「允許放棄過一門」和「同一號球如三輪沒有通過一門，則失去比賽資格」兩項，各地賽會可以自行決定是否採用。

（4）在一門前允許移開他球的區域內，有妨礙進門的他球時，擊球員可以要求裁判員將他球臨時移開。

（5）自球通過一門後出界為不成立。球只有停留在場內才成立，並有一次過門後的續擊權。

（6）球過一門前、後撞上他球為不成立，不論他球出界與否，都將他球放回原位。

（7）球過一門後，撞上一個他球不為雙桿球，將他球放回原位，自球可以再撞擊他球，撞擊後必須進行閃擊。

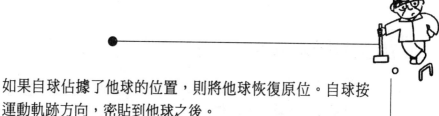

如果自球佔據了他球的位置，則將他球恢復原位。自球按運動軌跡方向，密貼到他球之後。

以上這些是與球過二門、三門的不同之點，所以叫做過一門的特殊規定。

74. 界外球進場，有哪些特殊規定？

界外球進場有下列特殊規定：

（1）附近界外有他球，影響擊球員揮桿擊球入場的站位、瞄準、揮桿方向時，可以要求裁判員將界外的他球臨時移開。

（2）界外球擊入場內，在運動中無任何權利，通過球門、撞柱不得分。碰撞球門、終點柱間接移動了他球，為無效移動。將被移動的球放回原位，自球進場形成的局面成立。

（3）已過完三門的界外球進場，與終點柱成接觸狀態，須經以後的擊球和碰撞才為撞柱。

（4）界外球進場，直接觸及他球，視為犯規。將他球放回原位，將自球放在最近比賽線外10公分處。

75. 擊中終點柱有哪些特殊規定？

擊中終點柱有下列特殊規定：

（1）經正當方式使已過三門的球，在運動過程中，觸及終點柱方為撞柱。

（2）已過三門的界外球進場撞柱，或密貼在終點柱上，皆無效，經擊球員再次擊球後撞柱方為滿分。

（3）密貼在終點柱上的球，因未過三門球碰柱而使其

移動、該球算滿分，因已過三門球碰柱而使其移動，該球不算滿分，將球恢復原位。

（4）擊球員閃擊他球撞柱，在放置他球時，如果該球與終點柱接觸，撞柱無效，只算一次閃擊。

（5）撞柱滿分後的球，成為無效球，將球拿到場外。該號擊球員結束比賽。

76. 對閃擊時放球的位置，與終點柱、比賽線、球門線有何關係？

（1）放已過三門的球與終點柱成接觸狀態進行閃擊，只為一次正當閃擊行為，不為撞柱滿分。

（2）將球放在比賽線外閃擊，為閃擊犯規，自球與被閃擊他球放回撞擊後的位置。

（3）將球放在球門線上進行閃擊，通過球門不得分，只為一次正當閃擊行為。

77. 以什麼為標準衡量球是否壓線？是屬於門前球，還是屬於門後球？是否算過門？

衡量球是否壓線的標準是：看球的投影是否在比賽線的外沿上，如果在，即為已壓線。

球過門，按球門線進行衡量（球門線是門的兩柱後方之間的連線）也是看球的投影。球的整體由球門線前方越過，到球門線的後方，為球過門。球從門後方來的，要越過球門線，成為門前球，按逆時針過門方向，整體越過球門線，方為過門。球從門前方來的，整體越過球門線，即為過門。

78. 球滾出比賽線後又滾回壓在比賽線上，球通過球門線之後又滾回壓到球門線上，各算什麼球？

球的整體已越出比賽線，又滾回場內或壓在比賽線上時，判球出界，球在沿比賽線滾動中多次整體出界，應在第一次出界時宣判。因此，副裁判員對這種球必須十分注視球的整體（投影）是否越出比賽線，這是判定球是屬於界內球，還是屬於出界球的關鍵。

門前球（包括從門前滾來的壓線球）只要再經正當擊球或閃擊，使之移動後從球門中間整體越過球門線，即使又滾回壓線上上或回到門前，過門得分仍有效。對此種情況，副裁判員應特別注視，球是否已經整體（投影）越過球門線。

79. 如何理解「閃擊過程中造成自球或他球的移動」為無效移動？

在**閃擊過程中**，所出現的這種自球或他球被移動，是屬於**撞擊**以後擊球員**撿起**被撞擊的球時，由被撿起的球移動了與之**接觸**的自球或他球（以上四處黑體重點字，是處理這種球的必備條件）。這種球的出現，有三種情況：

① 由撿起的球直接移動了自〔球或他球；

② 撿起的球間接移動了自球或他球；

③ 由於閃擊的作用力，而移動了他球。

這些移動都不是由擊球員的手、腳或擊球員的球槌或攜帶物落下造成的。由此被移動的球為無效移動，把這種移動可以看做是「不算數」，按不成立對待。

判處原則：

① 不視為犯規，由裁判員將被移動的球恢復原位，擊球員仍有擊球權；

② 擊球員如果在此時因另外的原因而犯規了，則按所違犯的規則處理。

80. 將閃擊的全過程可以分解爲幾個時間段？

可以分解爲三個時間段。

第一個時間段：從自球撞擊他球後球在場內停穩，取得閃擊權、續擊權起，到拿他球、放他球之前止；

第二個時間段：從放下他球貼靠在腳踩的自球旁起，到閃擊擊球止；

第三個時間段：從閃擊球動作結束後，到抬起腳止。

81. 對閃擊過程中，各個不同時間段的犯規，都應該怎樣處理自球與他球？

在第一個時間段裏的犯規，是將被撞擊的他球放在撞擊後的位置。這時，如果自、他兩球相距超過 10 公分時，自球在撞擊後原位置不動，如果自、他球相距未超過 10 公分時，則要將自球拿到最近比賽線外的 10 公分處。

在第二個時間段裏的犯規，由於自、他兩球相距不會超過 10 公分，所以，要將自球拿到最近比賽線外的 10 公分處，他球在放球原位置不動。

在第三個時間段時的犯規，將自球恢復原踩球位置。涉及不到對他球的處理，在第二個時間段裏，他球所形成的局面有效。擊球權結束。

82. 門球規則對指示方向的規定，前後有何變化？

1985 年的門球規則和 1990～1993 年的門球規則都規定：「閃擊本方球時，可不必指示方向；閃擊對方球時，必須在放置他球前指示方向。」「閃擊對方球未指示方向或指示方向又改變方向」，視為犯規。

1992 年的門球競賽規則和門球裁判法部分修改條文則規定：「取消指示方向犯規（但閃擊球出界，擊球員應指示方向，便於裁判員到位處理球）。」

1994 年的門球競賽規則，對指示方向則作為一項要求提出：「向界外閃擊他球時，應該指示方向。」比賽中，裁判員可以提醒擊球員閃擊前要指示方向，一旦忘了沒指，也不為犯規。

《1999 門球競賽規則裁判法》則規定：「向界外閃擊時，踩球前必須指示方向。」

《04 規則》規定：向界外閃擊時，踩球前應該指示方向。

83. 從何時起取消了放棄擊球（閃擊、續擊）的規定？

取消「放棄」，是《1996 修改條文》的一項新規定，從 1996 年 4 月 1 日開始實施。在此以前的規則，都規定允許「放棄」擊球（包括閃擊成功後的續擊）；允許「放棄」閃擊。《1999 門球競賽規則裁判法》重申：不准放棄閃擊權，不准放棄擊球。《04 規則》的規定是：擊球員不得放棄閃擊。還規定：擊球員不應拒絕擊球。

84.《04 規則》對擊球員在閃擊過程中允許有哪些行為？

（1）同時踩住自球和他球。

（2）只踩住自球時，改踩或改變方向。

（3）放球時觸及自球。

（4）重新放球。

（5）擊球員擊打自球同時擊到踩球腳。

（6）自球在擊球員腳下移動。

85. 閃擊過程中的犯規，在什麼情況下不判處把自球放到比賽線外？

閃擊過程中的犯規，當處理後自球與他球相距超過 10 公分時，自球不拿出比賽線外。例如，在放球前（還沒有放球）處在閃擊全過程的第一個時間段，腳踩自球時，自球離開腳下，判處：將被撞他球放回撞擊後原位。自、他兩球撞擊後相距超過 10 公分時，便不把自球放在界外，仍留在原位置不動，擊球員失去閃擊權、續擊權。

86. 閃擊過程中的犯規，在什麼情況下要將他球放在放球位置？

從放球起，到槌頭擊球止（即閃擊過程的第二個時間段）。在這個時間段裏犯規時，都要判處：將自球放在踩球位置，他球放在放球位置。

（註：這樣第一次處理後，由於自、他兩球指定是相距不超過 10 公分，所以裁判員可以直接判定：將自球拿到

相距最近的比賽線外 10 公分處，免去進行第二次處理）。

87. 閃擊時，出現反彈球會有幾種情況，都該怎樣判處？

擊球員閃擊被撞他球時，一旦碰上終點柱、門柱或另外他球時，會將被閃擊的球反彈回來。在平常情況下，有時能夠與自球或擊球員的腳相遇，可以按不同情況，不同判處。

（1）若被閃出的他球遇阻後反彈回來，停止時與自球密貼，為閃擊犯規。將自球放到界外，他球仍放在原處，取消續擊權。

（2）若被閃出的他球，離開自球已超過 10 公分後，反彈回來，沒有與自球接觸，更沒有密貼，但停止時與自球相距沒超過 10 公分，為閃擊成功，擊球員仍有續擊權。

（3）若被閃出的他球，遇阻後反彈回來靜止後與自球接觸，為閃擊犯規。自球與被閃擊的球位置不變（閃擊犯規處理後，如果自球與被撞擊球，間距不足 10 公分時，則應把自球拿到界外）。

（4）若被閃出的他球撞上球門或終點柱（未滿分）反彈回來，又觸及了擊球員的腳，為觸及移動球犯規，將自球放到界外，取消續擊權，他球放到觸球位置。

88. 自球打成雙桿後，擊球員當閃擊第一個對方他球時，同時將對方另一個應該閃擊的他球帶出界外，該怎樣判處？

這是一次閃擊完成了兩次閃擊任務，不影響對續擊權

的判定，擊球員仍有兩次續擊權。

89. 閃擊時，自球離開腳下，該怎樣處理？

他球仍放在放球位置，自球放回原位（即撞擊後的位置，也就是踩自球的位置），由於這樣處理，自、他球相距必定不超過 10 公分，所以，自球可直接放到最近的比賽線外 10 公分處。

90. 閃擊擊球時，槌頭擊球面打到踩球腳上，自、他球均未離開腳下，應如何處理？

應視為擊球犯規。他球在原位置不動，將自球放到最近比賽線外 10 公分處。

91. 在邊線附近閃擊，閃擊完成後，抬腳時，將自球滾動出界，應該怎樣判處？

閃擊完成後，自球離開腳下，既或不滾動出界，也為犯規，判處：將自球放回原位，他球形成的局面成立，停止續擊。

92. 閃擊他球碰撞到球門柱或終點柱等障礙物後，他球反彈回來與自球距離沒超過 10 公分時，該怎樣判定？

按規則的規定，這種現象應視為正當擊球成立。自球仍有續擊權。因為，他球是被閃擊超過 10 公分之後，又反彈回來的，而不是原來他球離開自球就不足 10 公分（被閃擊他球反彈回來，又沒有與自球接觸，不為犯規）。

93. 閃擊時，被閃擊的他球，將另一他球碰撞過門或撞擊終點柱，該怎樣判定？

按規則的規定，閃擊出的球碰撞其他球時，形成的各種局面均成立。另一他球不論是過門還是撞終點柱，都成立。自球還有閃擊後的續擊權。

94. 擊界內已過三門的自球，碰撞了有貼柱球的終點柱時，該怎樣判處？

自球撞柱獲滿分成立。將被移動的貼柱球恢復原位。貼柱球既或是已過三門的球也不算撞柱滿分。因為，已過三門的球，擊中終點柱後形成的局面不成立，擊中終點柱前形成的局面不變。

95. 已過完三門的自球，撞擊一個他球後，又自行接連撞柱，該怎樣判處？

判處：

（1）被撞擊的他球，形成的局面不變；

（2）自球獲滿分成立（由於在同一次擊球中，接連自行撞柱獲滿分，自球在觸及終點柱的同時，便失去在場上的一切作用，對被撞擊的他球，自然就沒有閃擊權了）。

96. 已過完三門的自球，先撞擊終點柱，然後又碰撞到貼柱球（已過完三門），該怎樣判處？

當自球觸及終點柱時，即為滿分，滿分後所形成的局面不成立（不論是碰撞到已過完三門的貼柱球，還是其他

球）。所以，碰撞貼柱球，貼柱球不為滿分，要給恢復原位。

97. 已過三門的自球，撞擊已過三門的他球，他球撞柱，自球也隨同撞柱，該怎樣判處？

這是在同一次的正當擊球中，先使他球撞柱，又使自球也撞柱，判定兩個球都為滿分。

98. 已過三門的自球，將已過三門的他球撞擊撞柱獲滿分，該如何判定自球？

按《04 規則》第十五條和裁判法第五章四、（六）之規定：撞擊後，被撞的他球出界或滿分時，失去與出界或滿分的球同等數量的閃擊權與續擊權。尚有與被撞擊的未出界或未滿分的球同等數量的閃擊權與續擊權。

可以判定：他球撞柱獲滿分成立，自球停留在撞擊後的位置不動，擊球權結束。

99. 自球撞擊他球後，由於他球的滾動，將另一個已過三門的他球撞柱，該怎樣判處？

按《04 規則》第十一條一、有效移動之規定，經正當擊球後，使球與球的碰撞形成的場上局面不變，不正當擊球形成的場上局面不成立。由於自球是屬於正當擊球為有效移動，所以判處：另一個已過三門的他球撞柱獲滿分成立，自球對被直接撞擊的他球，有一次閃擊權和續擊權。

100. 有個已過三門的界外球進場後，貼靠在終點柱上，執桿自球閃擊另一個他球時，另一個他球撞到終點柱上，該如何判處？

執桿自球所閃擊的另一個他球，如果是已過完三門的球，則另一個他球撞柱獲滿分成立，進場後貼靠在終點柱上的已過完三門的球，被振動移位，則為無效移動，不為滿分，恢復原位；如果所閃擊的另一個他球不是已過完三門的球，則屬於完成一次正當閃擊，執桿自球仍有續擊權。將貼靠在終點柱上，已過三門的界外進場球，如果被振動移位，則為滿分（依據《04規則》裁判法第五章四、（十）撞柱）。

101. 有一個獲得雙桿權的自球，用頭一桿瞄向終點柱，即把停在終點柱附近的一個已過完三門的他球撞柱而獲滿分，那麼，自球還有沒有第二桿續擊權？

還有一次續擊權。因為獲得滿分的撞柱球，是自球用了頭一桿的續擊權，使其撞柱的，雙桿球用去了一桿，還剩有一桿。

102. 自球撞擊兩個他球，形成雙桿，但其中有個球在滾動時撞上終點柱而獲滿分，該怎樣判定自球？

依據《04規則》裁判法第五章四（六）「……撞擊成功的同時，擊球員獲得與所撞擊的他球同等數量的閃擊權與續擊權。若被撞擊的球出界或滿分時，則失去對出界或滿分球的閃擊權與續擊權。」應該判定自球還有一次閃擊

權和一次續擊權。

103. 界外球打入界內，撞上球門柱或終點柱，從而振動了靠在門柱或終點柱的他球，該怎樣判處？

依據《04 規則》第十七條三、四的說明「他球與球門柱或終點柱接觸，自球撞擊球門或終點柱後，間接地使他球產生移動，他球移動無效，自球移動有效」。這裏的「自球」是指界外球進場的自球，將他球恢復原位，自球停到哪兒是哪兒。

104. 擊自球撞柱獲滿分，是否必須由擊球員自己將球拿到界外，否則按犯規處理？

《1990–1993 門球競賽規則》曾經規定：「自球擊中終點柱，須待主裁判員宣佈滿分後，由擊球員持自球到最近的比賽線出場至第一角外等候。」如果違反這一款時，「得分無效，該球放回撞擊終點柱前的位置」。

1994 年修改後的門球裁判法和門球規則則改變了這一規定。《1994 門球競賽裁判法》第四章五 2 規定：「自球滿分後，允許擊球員自己拿出。」第五章十二 1 規定：「自球滿分時可由擊球員自己拿出交記錄員。」同時，《1994 門球競賽規則》也明確了：擊自球撞柱獲滿分後，擊球員即不再是擊球員，只有擊球員才有犯規，非擊球員除妨礙比賽犯規之外，不存在犯規問題。

《1999 門球競賽規則裁判法》則最新明確規定：「乙裁：確定滿分後，立即將球拾起送回一角。自球滿分後，允許擊球員自己拿出。」

《04 規則》裁判法第五章四、（十）規定：球滿分後即成為無效球，裁判員應立即把該球拿出場外或令擊球員拿出場外。

105. 何謂「妨礙比賽」？

「妨礙比賽」是《1994 門球競賽規則》新增加的一項規定。《1996 年門球規則和裁判法部分修改條文》，對此也有明確規定。《1999 門球競賽規則裁判法》又對何謂妨礙比賽，由誰判罰，判罰的輕重檔次等進行重申和補充。

「參賽雙方的任何人用不正當手段、不文明表現，妨礙裁判員正常工作，干擾對方等不良行為均屬妨礙比賽。」

妨礙比賽的言行，《04 規則》舉例：

（1）非擊球員進入比賽場內。

（2）用言行干擾對方擊球員擊球。

（3）在場地內劃溝、砸坑或投機取巧。

（4）有意破壞場上局面或擅自移動場內外的球。

（5）使用污言穢語嘲諷、謾罵裁判員等不文明的行為。

對妨礙比賽的言行，任何裁判員都可以向妨礙比賽者提出警告。在不接受警告時，主裁判員有權根據發生事件情況，由輕到重進行判罰，但判罰結果不應對犯規隊有利。

判罰的檔次，《04 規則》第十九條明確：

（1）警告。

（2）取消擊球權。

（3）自球放到界外。

（4）過門、撞柱得分無效。

（5）取消教練員或隊員該場比賽資格。被取消資格的隊員的球拿出場外，但該球此前的得分有效。

（6）取消該隊比賽資格。

106. 某位參賽隊員擅自到場內參與比賽事宜，指點說話，甚至移動球位，是否犯規？

不是擊球員的隊員、教練員除妨礙比賽以外，不存在犯規問題。對擅自到場內參與比賽事宜，有指點說話等舉動，通知其出場，不要說話就可以了，必要時可以給予警告。甚至有的移動球位，爭論不休，影響比賽順利進行，則可以按「妨礙比賽」這一條款進行處理。

107. 何謂「觸球犯規」？

擊球員因非規則允許的原因觸及了界內球和界外球，為觸球犯規。

（1）**觸及靜止的球**：失去擊球權，把被觸及的球放回原位。

例如：

① 擊球員進場時，觸碰了球。

② 瞄準和起桿前後觸碰了球。

③ 擊球員球槌等攜帶物，掉下觸碰了球（擊球員服裝邊沿、衣袖或所戴帽子掉下觸及球，不為犯規）。

④ 撞擊後，拿錯了球。

⑤ 撞擊後，拿起他球，又更換拿另一個他球。

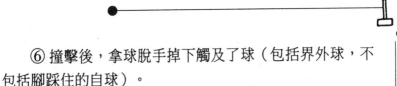

⑥撞擊後，拿球脫手掉下觸及了球（包括界外球，不包括腳踩住的自球）。

⑦放球前，踩錯了球。

⑧開球時，擊球員用球槌或腳等重放自球。

⑨擊球員用槌拖動被撞擊的球。

⑩當要擊自球時，球槌觸碰了附近的他球。

⑪撞擊後，自球未停穩就拿起已停穩的他球。

⑫被撞擊的他球，又碰撞另一他球，另一他球未停穩就拿起已停穩的他球。

⑬擊兩個他球，閃擊出的第一個他球未停穩，就拿起第二個他球。

⑭撞擊兩個他球，一個他球與自球接觸，先拿起另一個沒與自球接觸的他球。

⑮閃擊完了，抬腳後又觸及了自球或他球。

⑯在進行續擊或閃擊的動作中，觸碰了與之無關的他球。

（2）**觸及移動中的球**：失去擊球權，將自球放在犯規近處比賽線外的 10 公分處，把被觸及的他球放回原位。觸及前形成的局面不變，觸及後出現的情況不成立。處理結果不使犯規方獲得利益。

例如：

①擊球後，觸碰了滾動中的自球。

②撞擊後，他球未停穩就拿起他球。

③閃擊後，被閃擊的球碰上球門柱、終點柱等障礙物，反彈回來停止時與自球接觸（本犯規處理：取消續擊權，自、他球位置不變）。

④ 閃擊後，他球碰球門柱或終點柱（未滿分）彈回又觸及了腳。

108. 自球撞擊他球後，當自球還在滾動時，就拿起已經停穩的他球，這是屬於觸及滾動球，還是屬於觸及靜止球，該怎樣判定？

屬於觸及靜止球犯規，失去擊球權，把觸動的他球放回原位。

109. 擊球員擊自球時，自球碰到終點柱或閘柱後，反彈回來又碰到擊球員的腳或球槌，該怎樣判處？

（1）自球如果是已過完三門的球，撞到終點柱時，則為滿分成立，反彈回來既或碰到擊球員的腳或球槌，也不成立，仍然應該將獲滿分的自球取出界外。

（2）自球如果不是已過完三門的球，撞到終點柱或閘柱（撞門柱則包含已過完三門的球）反彈回來，又碰到擊球員的腳或球槌，則為觸及滾動球犯規。將自球放到最近比賽線外的 10 公分處。

110. 自球通過一門時，碰撞了一個他球後過門，自球停留在場內，擊球員在奔向自球時，腳又碰動了另一他球，對這種現象該如何判處？

這種現象是先為正當擊球，成立，後為觸球犯規，失去續擊權。即

（1）自球通過一門成立。

（2）腳碰動另一他球為觸及靜止球犯規，將另一他球

放回原位。

（3）擊球員失去擊球權。

111. 自球撞擊一個他球，這個他球又碰撞了另一個他球，當另一個他球還沒有停穩時，擊球員就將被撞擊的已停穩的他球撿起，是否犯規？該怎樣判處？

犯規。應判為觸及靜止球犯規，將撿起的他球放回原位，另一他球在自然停穩處不動，擊球員失去擊球權（自、他兩球所處位置，若是相距未超過 10 公分時，自球則要拿到最近的比賽線外 10 公分處）。

112. 自球撞擊他球後，拿起他球，將他球脫手落地，重新拿起，或者球脫手落下碰到腳上或另一他球上，應該怎樣判處？

（1）重新拿起他球，不為犯規，但有「10 秒逾時犯規」要求。

（2）脫手球落碰到腳上或另一他球上，視為觸及靜止球犯規，將他球和另一個他球都放回原位，擊球員失去擊球權。

113. 觸球犯規時，應該怎樣判處？

需要分清是觸及靜止的球，還是觸及動態的球，是觸及他球，還是觸及自球，依據不同情況，採取不同的處理方法。

（1）擊球員觸及靜止的球時，將被觸及的球放回原位，擊球員失去擊球權。

（2）擊球員觸及動態中的自球時，將自球放到觸球地點的最近比賽線外 10 公分處。

（3）擊球員觸及動態中的他球時：

① 將觸及的他球，放回觸球地點；

② 將自球放到停止處的最近比賽線外 10 公分處。

114. 有哪些情況要判處將自球放到界外？

依照規則的規定，有下列五種情況，應當判處將自球放到界外（最近比賽線外 10 公分處）。

（1）觸及動態中的球犯規。

（2）重複撞擊犯規。

（3）界外球進場，直接觸及場內球犯規。

（4）閃擊過程中犯規（指在閃擊過程中的任何犯規，按規定處理後，自球和他球相距不足 10 公分者；閃擊成功後，被閃擊的球彈回停止時與自球密貼）。

（5）妨礙比賽犯規，情節比較嚴重時。

115. 如何處理比賽中斷、延期及停止？

當因天氣或其他情況使比賽一時無法繼續進行時，主裁判員可宣告「比賽暫時中斷」，記錄員停錶；當主裁判員再次宣告「比賽開始」時，記錄員開表，繼續計時，按原有的比賽狀態和時間繼續進行比賽。如果暫停後，不能繼續進行比賽時，視情況可決定延期比賽或停止比賽。

（1）比賽開始 20 分鐘前中斷比賽並決定延期時，該場比賽無效，重新確定比賽日期、時間及地點。

（2）比賽時間超過 20 分鐘後中斷，不能繼續比賽

時，應決定停止比賽。比賽成績有效，不再重新進行。

116. 計時台宣佈「比賽時間到」，主裁又呼號，是否有效？

這要掌握好時間差。在總記錄台宣佈「比賽時間到」之前或同時，主裁發出呼號為有效；在總記錄台宣佈「比賽時間到」之後，主裁發出呼號為無效，並且，應該及時糾正，按裁判員失誤處理。當比賽時間接近結束時，記錄員要輔佐主裁判員注意掌控好比賽時間，以避免出現爭論。

117. 裁判員在執裁中，觸碰了場內的球，怎麼辦？

觸及靜止球，恢復原位。觸及滾動球，不予處理，停止前形成的局面不變。裁判員在做出「出界」手勢的同時，用腳在比賽線內停住了該出界的球，仍為出界。裁判員觸碰球為工作失誤，應及時發現，及時糾正。

118. 裁判工作的八字方針是什麼？

嚴肅、認真、公正、準確。

119. 裁判員在執裁工作中的五項配合原則是什麼？

這個問題在《1994門球競賽裁判法》中已經明確，《1999門球競賽規則裁判法》也有重申。

（1）觀察最清楚：選擇最佳位置觀察。

（2）宣判最及時：選擇最佳時機宣判。

（3）分工最理想：甲、乙裁判各有重點，隨時可以換

位。

（4）處理最迅速：縮短裁判員的用時。

（5）體力最節省：選擇最佳跑動到位路線。

120. 常用的基本比賽方法有幾種？

有兩種：（1）循環賽；（2）淘汰賽。

121. 何謂循環賽？

循環賽，就是參加比賽的各隊之間，輪流進行比賽一次，彼此都要見面相遇。根據各隊勝負的場次積分多少決定名次。這種比賽方法、名次的確定，是比較合理的。

若分若干個小組，各小組進行循環賽，稱為分組循環賽。即小組內各隊之間相互進行比賽一次。

122. 何謂淘汰賽？

淘汰賽就是所有參加比賽的隊，首先按照編排的比賽秩序、號碼位置，每兩隊之間進行一次第一輪比賽，勝隊再進入下一輪比賽，負隊便被淘汰，失去繼續參加比賽的資格。能夠參加到最後一場比賽的隊，勝隊為冠軍隊，負隊為亞軍隊。

淘汰賽的優點是，參加隊數多，而比賽所用天數少。缺點則是偶然性很大，一著不慎，就有被淘汰的可能。因此，每場比賽都是關鍵，都要全力拼搏。

123. 請舉例說明，如何編排循環賽各輪的比賽場次？

一般都是採用「固定 1 號位，按逆時針輪轉」的方

法，排出各輪的比賽場次。

下面以 8 個隊為例，說明雙數隊如何進行輪轉編排。

第一輪	第二輪	第三輪	第四輪	第五輪	第六輪	第七輪
①-8	①-7	①-6	①-5	①-4	①-3	①-2
2-7	8-6	7-5	6-4	5-3	4-2	3-8
3-6	2-5	8-4	7-3	6-2	5-8	4-7
4-5	3-4	2-3	8-2	7-8	6-7	5-6

下面以 7 個隊為例，說明單數隊如何進行輪轉編排。

第一輪	第二輪	第三輪	第四輪	第五輪	第六輪	第七輪
①-0	①-7	①-6	①-5	①-4	①-3	①-2
2-7	0-6	7-5	6-4	5-3	4-2	3-0
3-6	2-5	0-4	7-3	6-2	5-0	4-7
4-5	3-4	2-3	0-2	7-0	6-7	5-6

124. 何謂一輪？何謂一場？

參賽各隊都出場比賽一場（輪空也算比賽了一場）叫做「一輪」。兩個參賽隊之間比賽，叫做「一場」。

125. 怎樣計算循環賽的輪數與場數？

輪數：如果參賽隊為雙數，輪數等於隊數減 1。比

如，有 6 個隊參加比賽，6 減 1 為 5，即 5 輪。如果參賽隊數為單數，則隊數即為輪數。比如，有 9 個隊參加比賽，即為 9 輪。

場數：循環賽的場數計算公式是，

$$\frac{隊數\times（隊數-1）}{2}=場數$$

如果是分組循環賽，要計算其輪數與場數，計算公式如下：

輪數＝隊數最多組的輪數。

場數＝各組場數之和。

126. 如何掌握循環賽的抽籤原則？

抽籤是為編排比賽秩序表而進行的一項帶有技術性的工作，它可以保證整個比賽是在合情合理、力量均等的情況下圓滿完成。

抽籤的原則：

（1）設種子隊時，應把種子隊分別進入各組的 1 號位。種子隊多時則應按蛇形排列進入各組的 2 號位，以達到各組實力指數相等。

例如：依據上次大賽的前 8 名為本次比賽的種子隊，分兩個小組進行單循環比賽，按蛇形排列，則編組如下：

```
A 組    1 ------→ 4 ------→ 5 ------→ 8
        ↓         ↑         ↓         ↑
B 組    2 ------→ 3         6 ------→ 7
```

以上兩個組的指數都為 18，實力均等。

（2）非種子隊抽籤：先把同一地區、系統、單位抽入不同的組內，其餘的隊任意抽籤進入各組。

127. 安排循環賽日程表時，應注意滿足哪些要求？

（1）不應連場。不得已時應延長休息時間。

（2）儘量避免某一個隊過多使用同一個場地。

（3）儘量使每個隊上、下午的比賽場次均勻。

（4）一節（半天）比賽不超過 6 場，每隊不超過 3 場。

128. 請舉例說明，如何編排淘汰賽？

編排淘汰賽秩序，應根據參賽隊數的多少，選擇號碼位置數，即選擇與參賽隊數最接近，而且是較大的 2 的乘方數作為號碼位置數。

比賽中常用的號碼位置數有：

$2^2 = 4$　　　$2^3 = 8$　　　$2^4 = 16$　　　$2^5 = 32$　　　$2^6 = 64$

現以 10 個隊參賽為例，作一具體說明：10 個隊參賽就要選擇比 10 大，而又是接近 10 的，便是 16，所以選擇 16 個號碼位置（圖 4），從圖 4 看，這樣編排是比較合理的，16 個號碼位置平均為上、下兩半區，即上、下半區都是 5 個隊，到決賽時，各是由 5 個隊賽出一個隊，參加決賽（10 個隊參賽選用 16 個號碼位置數，就要有 6 個輪空位置，經過查表，便可知道，1、16、9、8 序號為種子隊位置，2、15、10、7、6、11 序號為輪空位置（表 1，種子隊位置及輪空位置號數表）。

依據抽籤原則，確定種子隊和非種子隊的號碼位置。

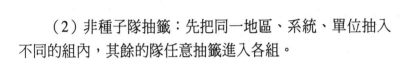

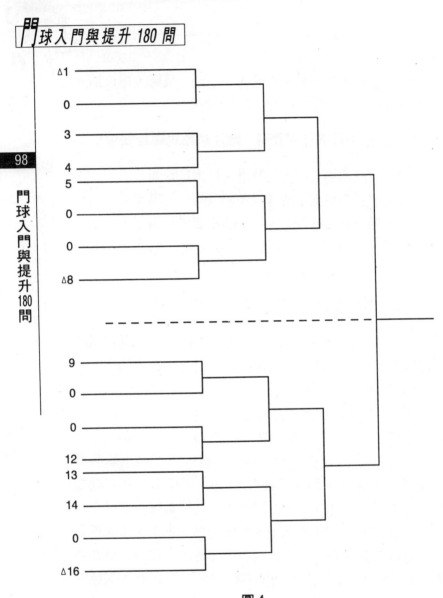

圖4

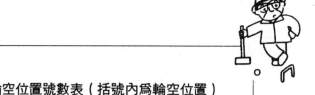

表1 種子隊位置及輪空位置號數表（括號內為輪空位置）

隊數 序號	8個隊以下	9~16個隊	17~32個隊	33~64個隊	65~128個隊
1	1（2）	1（2）	1（2）	1（2）	1（2）
2	8（7）	16（15）	32（31）	64（63）	128（127）
3	（6）	9（10）	17（18）	33（34）	65（66）
4	（3）	8（7）	16（15）	32（31）	64（63）
5		（6）	9（10）	17（18）	33（34）
6		（11）	24（23）	48（47）	96（95）
7		（14）	25（26）	49（50）	97（98）
8		（3）	8（7）	16（15）	32（31）
9			（6）	9（10）	17（18）
10			（27）	56（55）	112（111）
11			（22）	41（42）	81（82）
12			（11）	24（23）	48（47）
13			（14）	25（26）	49（50）
14			（19）	40（39）	80（79）
15			（30）	57（58）	113（114）
16			（3）	8（7）	16（15）

129. 怎樣計算淘汰賽的輪數與場數？

淘汰賽的輪數與場數的計算方法是：

輪數＝號碼位置數的指數＝n

場數＝參賽隊數 –1

例如：

參賽隊數	號碼位置數	輪數	場數
8	2^3	3	7
15	2^4	4	14
30	2^5	5	29
58	2^6	6	57

130. 如何掌握淘汰賽抽籤原則？

（1）**抽種子隊**：把號碼位置按順序平均分成 2～8 個區。抽種子隊時要合理分在不同的區。按「種子位置表」安排種子隊，即可做到種子的合理分開。

（2）**抽非種子隊**：在進入號碼位置前，要先把同一地區、系統、單位的隊抽入不同的上、下半區和不同的 1/4 區。應按實力情況把一隊、二隊分入上、下半區，三隊、四隊也分入上、下半區，而後再把同一半區的兩個隊分入不同的 1/4 區，以實現合理分開。其他隊任意分入 1/4 區。

（3）**輪空位置**：根據第一輪設「輪空位置」和「種子優先輪空」的原則，排出「輪空位置表」，以方便使用。

輪空位置的數量＝號碼位置數－參賽隊數

131. 在編排淘汰賽位置表時，如何採用「搶號」和「附加賽」的方法？

（1）**搶號**

為了不在第一輪中設置很多輪空位置，科學調控比賽時間、比賽場地，節省人力，在參賽隊稍大於某一個號碼

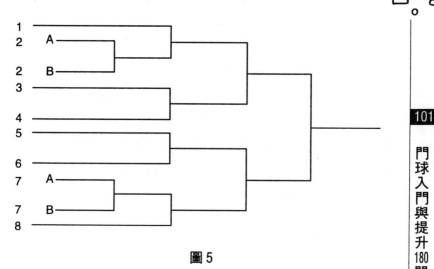

圖 5

位置數 2^n 時，仍用 2^n，在輪空位置設 A、B 號進行搶號（圖5）。

（2）附加賽

為了避免名次並列，可設附加賽。如圖 6 所示，實線表示勝方，虛線表示負方（以錄取、排列前八名為例）。

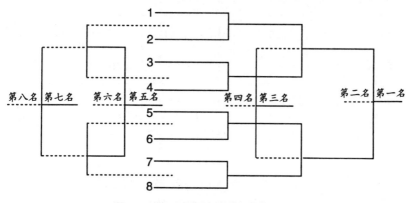

圖6　前八名附加賽位置表

132. 怎樣查看、填寫循環賽的成績表？

　　成績表是記錄每場比賽成績和最後決定比賽名次的依據性資料，它是依據表格的形式而將比賽成績記載下來的。循環賽成績表的內容，包括比賽隊隊名、雙方各場比賽的勝負比分，以及計算名次所需要的勝場次、相等隊淨勝分、全階段淨勝分、名次，格式及內容見表2。此表在左端格內，從上到下排列的隊名為己方隊，在上端格內，從左到右排列的隊名為對方隊。己方隊與對方隊名的排列順序，必須互為一致。

表2　××××賽比賽成績表　　　　年　　月　　日

	甲	乙	丙	丁	戊	己	勝場次	相等隊淨勝分	全階段淨勝分	名次
甲		20:7	8:15	15:8	18:11	10:21	3	-4/0	9	5
乙	7:20		8:23	0:15	15:17	14:16	0			6
丙	15:8	23:8		8:15	13:18	15:14	3	-4/0/-7	11	4
丁	8:15	15:0	15:8		22:17	6:15	3	-4/0/+7	11	3
戊	11:18	17:15	18:13	17:22		19:8	3	4		2
己	21:10	16:14	14:15	15:6	8:19		3	8		1

　　編排、記錄組的工作人員需要跟上比賽進度，依據有雙方隊長、裁判長等有關人員簽字的門球記分表，及時將

成績登記入表，並予以公佈。

成績表的填寫方法：

例如，甲隊與丙隊的一場比賽，比賽結果為 8：15，丙隊勝。填表記分時，先從左端的隊名內找到丙隊（作為己方），再從上端的隊名內找到甲隊（作為對方），在兩個隊交叉空格內，填寫丙隊的成績，即 15：8；再從左端的隊名內找到甲隊（作為己方），然後從上端的隊名內再找到丙隊（作為對方），在兩個隊交叉的空格內，填寫甲隊的成績，即 8：15（將己方隊的得分寫在前面，將對方隊的得分寫在後面）。

用紅色筆記勝方成績，用藍色筆記負方成績。同分後的勝負或同分決勝期的勝負，在勝方得分的右上角記+1。例如，乙隊與丁隊的一場比賽，同分決勝後，乙隊獲勝，在乙隊的橫向格內，便記 X^{+1}：X，在丁隊的橫向格內，便記 X：X^{+1}。

看成績表時，就是要先從左端格內，找到作為己方的隊名，然後橫向往右逐格數記、查看。每個交叉格內所記載的成績，正是與上端格內的作為對方隊的當場比賽成績。這樣就可以瞭解到某個隊在這一階段循環賽中所取得的成績了（獲勝場次）。

133. 循環賽怎樣計算成績、排列名次？

《04 規則》中的對循環賽計算成績、排列名次所採用的方法，與原規則有所不同，比較簡便。

計算程式是：

（1）先計算各隊勝場次，多者名次在前。

（2）若有勝場次相等的隊，則計算相等各隊之間的淨勝分（各隊的勝分和減去負分之和），多者名次在前。

（3）若仍相等，則計算相等各隊的全階段的淨勝分（全階段勝分和減去全階段負分和），多者名次在前。

（4）若仍相等，則用抽籤決定名次。

（5）不論計算到哪一步驟，只要出現了不相等的隊，則剩下的各相等的隊再從（2）算起，直至計算出全部名次為止。

以表2為例：

按（1）計算，甲、丙、丁、戊、己各勝3場，乙勝0場，乙為第6名。

按（2）計算，甲、丙、丁的淨勝分為 −4，戊的淨勝分為4，己的淨勝分為8，己為第1名，戊為第2名。甲、丙、丁為第3～5名。

根據（5）還要從（2）算起，甲、丙、丁的淨勝分都為0。

再按（3）計算，甲的全階段淨勝分為9，丙、丁的全階段淨勝分為11，丙、丁為第3、第4名，甲為第5名。

再按（2）計算，看丙和丁的淨勝分，丁為+7，丁為第3名，丙為 −7，丙為第4名。

至此，全部名次均已排定。

134. 進行門球技術基礎功底習練，應以哪些項目為重點？

所謂基礎功底，就是能夠為其他各項功夫作底的最基本的起碼功夫。在這個基礎之上，再生發、形成各種技

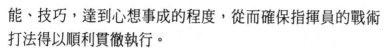

能、技巧，達到心想事成的程度，從而確保指揮員的戰術打法得以順利貫徹執行。

擊球員習練門球基礎功底，要從提高三個方面的能力入手：一是提高目測自球與他球（目標點）之間距離的能力；二是提高觀測自球、他球、自球落位點三者之間所構成的角度之能力；三是提高依據角度、距離、場地、風向等情況而適當用力的能力。

習練基礎功底的過程，就是鍛鍊、形成這三種能力的過程。日常習練時，應以基礎應用球作為習練重點項目，即擊球過門、打擦邊分球、造打雙桿球、遠距離撞擊球、閃擊閃帶球、擊球送球到位。

135. 怎樣才能打好自球過門？

擊打自球過門，從距離上看，有遠有近；從角度上看，有正面有斜角側面。有一定難度的還是超過 4 公尺距離的遠過門，特別是斜側角度狹窄的遠過門更為困難。因此，要求擊球員必須具有紮實的擊球基本功和良好的心理素質作保證。

正面擊球過門，當然還是要掌握好四點成一線的瞄準準確。其目標點必須是定在兩門柱門的中心點，絕對不能籠統地以整個門為目標點。至於斜側過門，角度越小，距離越遠，則難度越大。

根據實戰情況，綜合分析，球過門最小的可行角度，可以確定為夾角 20°。例如，自球在二門右側 1 號位，靠近邊線。從二門兩門柱延伸一條平行線，拉長到二邊線，在這個終止點，再向二角方向延伸，約 85 公分，再將自球

移動到這裏,以自球為點,與兩門柱相交,即可構成夾角20°,而這時從側面觀看兩門柱間斜向距離,則縮小變窄為8公分。由於球體的直徑為 7.5 公分,因此說,擊球員只要做到沉著冷靜,保持心理平衡,擊得準確,發揮得好,仍然是可以從容過門的。

關鍵之處還是在於以兩門柱間的中心點為目標點,形成一條四點一線的瞄準線。有的臨場經驗豐富的擊球員,當遇到斜側過門難度較大時,則在距離自球前方約 10 公分處,選定一個正處在瞄準線上的較為顯眼的小沙粒,作為最近目標點,在揮桿擊球時,就筆直地沿著瞄準線,朝這個小沙粒擊去。經測驗證明,採取這種方法的成功率還是比較高的。

136. 撞擊球應掌握哪些技能要領?

從準備擊自球到完成撞擊他球,在短短的 10 秒鐘內,要經過三個步驟,其技能要領是:

（1）站位

中國的打法較為普遍應用的是正面撞擊。要求擊球員面向自球與目標點,雙腳平行居大多數,兩腳尖與球的距離,在 20～30 公分,球與雙腳腳尖三者呈現三角形。身體擺正,不要扭曲。也有的擊球員採取一隻腳在前,一隻腳在後的站位方法。在前邊的一隻腳,腳尖置於自球的後面外側,與自球距離約 5 公分。腳掌裏面一側接近瞄準線,給揮桿擊球發揮筆直作用,避免桿搖擺,偏離瞄準線。

（2）瞄準

瞄準是取得成功的關鍵。在站好位置的同時,雙眼就

要從自球投向撞擊目標，對撞擊目標（他球）選定一個被撞點，然後從被撞點將視線拉回到自球的中心點。由視線掃描，從被撞目標的中心點經過自球中心點，到槌頭、槌尾中心點，迅速、及時調整槌尾、槌頭，形成一條筆直線，即所謂四點一線。值得特別注意的是，槌尾的中心點一定要放置在瞄準線上。擊球員必須是經由來回兩次掃瞄，達到很清晰地認準這條瞄準直線。

（3）揮桿擊球

在已經瞄準形成一條直線的基礎上，擊球員要認定槌頭的中心點和自球的中心點。這個「點」應該微小到小米粒那麼大。將眼睛盯住這兩個「點」，然後確保打正、擊準、不偏不倚地順著瞄準線，揮槌擊出自球。

為了保證做到準確無誤，擊球員在揮桿時要做到「短」「平」「穩」。「短」就是後拉槌頭，不要幅度太大，視距離的遠近，宜在 5～20 公分以內。「平」就是避免高抬槌尾，偏離瞄準線，宜使球槌沿瞄準線平行。「穩」就是避免急忙一擊，必須是穩穩當當讓槌頭的中心點，恰當擊中自球的中心點。在揮桿時，宜發揮腕力作用，以前臂助力，不宜高抬上臂揮槌。

137. 對遠距離撞擊他球或遠衝過門，都應掌握哪些技術要領？

一般來說，超過 8 公尺遠的撞擊或過門，就可以說是遠撞，遠衝了，其基本技術要領，與近距離撞擊、過門是相同的，只是難度加大了，需要在掌握技術要領的基礎上，形成技能技巧，功夫過硬。

在習練中，要注意：

（1）站位要正

雖然每位擊球員採取的擊球姿勢不盡相同，但身體要擺正，不要扭曲歪斜，頭部正面朝前，保證雙眼正視，卻是一致的要求，特別是距離較遠，更應該便於遠視，視線清晰。

（2）透過瞄準，構成四點一線

兩眼正視前方的撞擊目標（他球或兩門柱的中心點），然後回視到自球的擊球點，用五六秒鐘的時間來回瞄視兩三次，隨時進行微調球槌（主要是槌尾），確定從目標的中心點，到自球的中心點，槌頭槌尾的兩個中心點（槌柄要直立，不歪斜），沿著四個中心點，形成一條筆直的線，即瞄準線。

（3）適度用力，平穩揮桿擊打自球的中心點

要穩住神兒，精神集中，充滿信心，保持心理平衡。揮桿一擊的一剎那間，正是成敗的節骨眼兒。必須死死盯住瞄準點，沿著瞄準線，將槌頭的中心點，準確無誤地擊打到自球的中心點。擊球力度必須適當，緩慢拉桿，使用腕力，抬動前臂，上臂不宜高抬，可以貼靠於兩肋，要順著瞄準線將自球擊出。切忌用力過猛，使擊點變位，偏離瞄準線。

138. 打好擦邊球的技術要領有哪些？

打好擦邊球的關鍵，在於目測好距離、找好角度、用好力度。距、角、力三者恰到好處，就是取得擦邊成功的技術要領。目測兩球間的距離，也包括自測球擦邊後，球

的落位距離。這一點需要經由反覆實踐而形成能力。目測
距離為的是給擊球時用力的大小提供依據。找好角度需要
應用三角知識，通曉自球的中心點，撞擊到他球的哪個部
位，能夠構成一個什麼樣的角度，從而保證將自球很好地
分流到理想的位置。

保證將自球分流到理想的位置，除了找好角度之外，
還有個用好力度的問題。每次擊打自球，需要用多大的力
量，不是用語言文字可以說明白的，要靠擊球員自己去體
會，靠潛心領悟。因此說，需要多練多打，從打、練中獲
求真知。

139. 閃擊球應掌握哪些技能要領？

擊球員閃擊球時所採取的姿勢有彎腰單臂式閃擊，還
有站立雙臂式閃擊。不論採取哪種閃擊姿勢，而達到閃擊
成功的關鍵，就是要求瞄準準確。

閃擊瞄準的技能要領是：

在踩球前，首先目視好自球與閃擊目標的方向，然後
再按腳與閃擊方向呈 90°～110°角，將腳踩在自球上（將自
球留出腳底外 1/3）。這樣，便於瞄準和閃擊。瞄準時，
要使自球、他球與閃擊目標形成一條筆直的閃擊方向線。
他球如果沒有處在直線上時，可以用手及時調整、移動，
將槌頭放在這條直線的延長線上。當已經看清這三者處在
一條直線上時，瞄準即為結束，緊接著就是沿著閃擊方向
線，將槌頭擊球面的中心點，準確地擊打在正處於瞄準線
上的自球球肚兒頂端端點上，即自球的中心。

槌頭能否真正擊打到這個點上，正是能否達到閃擊準

確的所在。這一要領最為重要，為此，要求揮槌時，槌頭
要沿著擊球方向線擊球。

140. 配置雙桿球需要掌握與運用哪些技巧？

配置雙桿球是對有意製造雙桿球而言。製造雙桿球的
種類有三：門前雙桿、門後雙桿、場地雙桿。配置過門打
雙桿球，要求指揮員、擊球員具有門後靶球對應區域（圖
7）和門前箭球對應區域（圖8）常識，只有掌握了這種知
識，才能知道應該往什麼方位擊送球，進行配置，以便使
箭球與靶球相對應，構成打雙桿的角度。

除此，還要求擊球員具有擊送球力度適當，使球到位
理想、角度適度的技巧。配置場地雙桿球，需要充分地運
用閃頂球技術，使不具有打成雙桿角度的球，由閃頂移動
他球，為主擊球形成打雙桿球的角度。還需充分地運用
閃送球的技術。為主擊球配置先擦撞一，接連再撞二的適
宜角度，也需要擊球員具有擊自球到位，力度、角度都恰

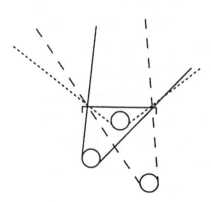

圖7　門後靶球對應區

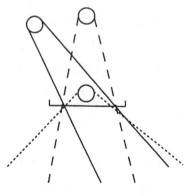

圖8　門前箭球對應區

到好處的技能技巧。

141. 打成雙桿球要求擊球員具備哪些技能技巧？

打成雙桿球要求擊球員必須具備過門技能和打擦邊球的技能。這樣，不論是打門前過門雙桿，還是打門後過門雙桿，或者打場地雙桿，才能針對不同角度、不同距離，確定擦邊的大小和使用不同的力量。

撞擊準確、擦邊角度適當、力度恰到好處是打成雙桿球必須具備的三項技能技巧。

142. 擊送球到位有何重要作用？應掌握哪些技術要領和戰術原則？

縮短球與目標的距離是門球比賽取勝的重要條件，擊送球到位正是為了達到這一目的而採取的技術手段。擊送球到位包含擊打自球到位和閃送他球到位。「到位」是起搭橋接應作用或構成適宜角度，為他球擦邊奔向目標或形成雙桿球創造適宜角度。因此說，擊球員具有擊送球到位的基本功是十分重要的。

要達到擊打自球或閃送他球到位，擊球員必須做到以下三點：

（1）擊球員必須掌握好力度

使用力度的大小，要由距離的近遠、地勢的高低、場地沙粒的粗細、場地的乾濕、地面的平斜、風力的大小等因素來決定。所有這些都需要憑靠經驗的積累而形成擊球員的自我感覺，在臨場實戰中才能運用自如，達到自然發揮。

（2）擊球員必須具有良好的戰略戰術意識

選定閃送球的到位點，能夠主動地體現有利於己方而不利於對方的戰術原則。例如，閃送王牌球到對方的球群處，擊球員就要自覺地將球閃送到對方球群（幾個球互相接連成片）的某一頭，而不閃送到對方幾個球的中間處，以使王牌球便於擦打這一個球，再奔向另一個球，連續吃球，從而全殲消滅之。

（3）避開對方先手球的襲擊

不論是擊打自球去接應己方球，還是閃送己方他球去某一位置，都要看看是否會給對方先手球造成便於襲擊的條件，做到防患於未然。例如，形成聚堆球勢，構成「眼鏡」球、「扇子面」球等都會使對方先手球便於襲擊。

143. 何謂技巧球？技巧球都有哪些？

技巧球是與基礎應用球相對而言的，它們二者之間並沒有什麼嚴格的區分。比較起來說，技巧球的形成是具有一定難度的，它的技藝性較強。這主要是要靠擊球員具有較為深厚、紮實的基本功功底，又加之擊球員具有較強的戰術意識，思維敏捷，反應快，在力求高效的思想支配下，隨機應變，敢於主動地採取一定的製作手段，從而打出在一般情況下不容易出現的高效球。這樣的球，便可以統稱為技巧球。

技巧球多種多樣，在數目上難以作回答。下面列舉幾個能夠經常見到的技巧球。

（1）擦頂球：

這裏的「頂」是指頂尖的頂，頭頂的頂。在自球的正

前方有個他球,自、他兩球相距 20～40 公分,採取壓打或刨打的方法,使自球擦到前方他球的頂部而過,到達前方的一個理想位置,完成戰術任務。這種球即為擦頂球。

(2) 越頂球

採取壓打或刨打的方法,讓自球在前方他球的上頂騰空越過,以避免重複撞擊,使自球達到撞柱搶分或過門搶分並獲得續擊權的目的。這種球即為越頂球。

(3) 閃頂球

這裏的頂是當撞頂講的頂。閃擊他球時,以他球為彈,將另一他球撞頂移位,可以配置雙桿,可以撞頂出界,可以撞頂另一個他球移動過門或撞柱。這種球即為閃頂球。

(4) 繞圈擦打球

這種球主要靠擊球員具有相應的謀略和擦邊他球落位適宜的技能、技巧。由擦邊前一個球,再去接近後一個球,形成繞圈擦打,逐個清洗的良好局面。

(5) 打造雙桿(多桿)球

善於打造雙桿(多桿)球,需要具備駕馭球的角、距、力之能力,才能擦打一,碰撞二,或過了門,又撞上了球。雙桿(多桿)球的形成,其技巧的含量很高,既包括會擊打,也包括會配置。

144. 一門留球有何作用?有何規律可以遵循?

從 1996 年 4 月 1 日起實施《1996 修改條文》,規定同一號球三個輪次不過一門時,便取消該擊球員和該球在該場參加比賽的資格,因此說,一門留球的打法,從規則

上便給予了限制。縱觀比賽現場，在基層日常康樂性的比賽中，則基本上沒有受到一門留球的限制，大多數都是酌情放寬執行。正式的大型競技性的比賽，雖然仍有一門留球的打法，但很少也只能限於前兩個輪次之內。

《04 規則》在各條款之後，有五項附則，供各地、各單位根據自己的特點和賽會的性質決定如何使用。附則中有「允許放棄過一門」和「同一號球如三輪沒有通過一門，則失去比賽資格」二則規定。據此，展望未來，球門戰術將要出現新的發展變化。

按《1996 修改條文》的規定，由於自球過一門後，撞上一個他球，直接打成雙桿，已被取消。一門留球的目的、作用，則在於：

（1）在直衝二門沒有把握的情況下，為了保存、積蓄力量，留有後勁兒，暫時不過一門，等到下一輪條件寬鬆時，再過一門；

（2）一門留球可以控制一門後二門前約占全場 2/5 的區域；

（3）可以靠他球接應，便於過二門或擦向他球、擦向三門、二門等方位；

（4）可以靠兩個他球擺在一門後，球過一門後，續擊時打成場地雙桿球；

（5）由己方執桿球為待過一門的下號球，閃送一個相臨的遠號球到一門後，為其過一門，打造王牌球。

如何進行一門留球，並沒有固定模式，需要隨機應變，談不上有何規律可以遵循。下面從開局時，主要是第一、二輪的佈陣與衝擊兼顧的綜合型打法角度，談一談一

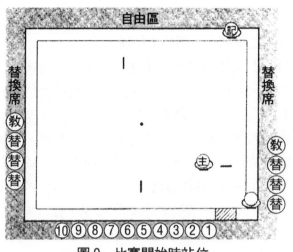

圖9　比賽開始時站位

注：圖中「主」指主裁，「副」指副裁，「記」指記
錄員，「替」指替補隊員，「教」指教練員。

般做法。見圖9。

①號球：

①號球絕大多數都是要力爭過一門。過一門後，也是
絕大多數要佔據二門一號位，距離邊線越近越好。

佔據二門一號位的球，有兩種情況，一是位置好或較
好，距離邊線在15公分以內，另一種是距離邊線較遠，不
夠理想，在15公分甚至30公分以外。針對這兩種不同情
況，一門留球就要有所變化。對前一種情況，留球要多，
特別是直衝二門沒有把握時，都要留球。

但是有些球隊，當執行《1996修改條文》時為了避免
三次不過一門而被取消這場的參賽資格。在這種情況下，
也不予留球，球過一門後，打向四角到三門前的邊線區

門球入門與提升180問

域，拉手結組。對後一種情況，遠撞較準的球，則都要過一門，直接撞擊踞守二門的占位球。

二門的占位球由己方友球撞上時，可以閃送過二門到底線，然後自球占位，也可以閃送到二門一號位的邊線，避免被對方吃掉，安全隱蔽，繼續占位；自球則爭取過二門，門後有對方球時，儘量將對方先手球吃掉，然後將自球打到適當位置（有五個方位可供選擇：二門後沒有對方球時，可以打到三角靠近邊線；可以打到三邊線的中間段，即二門一號位占位球，過二門後的落位點，實行隔門拉手結組；可以打到四角；可以打到三門前；已是第二或第三輪時，也可以打到一門後接應己方待過一門的友球）。

二門的占位球由對方球撞上時，則將被吃掉，由對方球取代占位。

②號球：

當①號球沒有過一門或過一門成立，而在壓邊線時球出界，②號球則要過一門，壓在二門一號位邊線（如此接續，直到有個球壓到二門一號位邊線為止）。此外，②號球有四種打法，針對場上雙方形勢的需要和隊員的技術水準，可適時選取。

（1）一門留球，為下一輪打⑩接②設下埋伏。採取這種打法，主要是看①號球在二門一號位壓線好。

（2）①號球壓線距離邊線遠時②號球應過一門打到位，然後續擊「釘子」球。沒有撞中時，爭取自球落位到三角底線。

（3）過一門後，直衝二門。應防止卡到門柱左右，應防止自球出界。衝過二門時，則將自球打到適宜的位置。

例如，去三門占位。

（4）過一門後，球落位不理想時，則將球打到四角與三門間的邊線區域，看條件，當安全時，可以與後序球在這個區域拉手結組，施行四角線戰術。

③號球：

當①號球成為界外球或沒過一門時，②號球已過一門，佔據了二門一號位，③號球宜留球放棄過一門，以便下一輪由①號球在一門後接應。

當①號球已佔據了二門一號位，②號球一門留球時，③號球也可以一門留球，給②號球以壓力，並防止⑩、②、④號球打一門後的接應。

當①號球在二門壓邊占位不理想，有被對方吃掉的可能時，③號球需要過門撞擊①號球。這是緊急行為，撞中後可以改變被動局面，獲取主動。

當二門後沒有②號球時，③號可以直衝二門，衝過二門後，可以將球壓到適當位置。但是，一旦撞上門柱，球停在門柱旁時，則會引起後患，給對方帶來有利條件。使對方便於直衝二門，或者讓對方撞上③號球時，誅連到①號球也可能被閃帶出界，將二門丟失。因此，在一般情況下，③號球還是放棄過一門，留下後勁兒。

當③號球勉強過了一門時，需要躲開下一輪②號球的威脅，可以打向靠四角的兩條邊線附近，可以打向與①號球隔門結組的方位，即三邊線中間段。

④號球：

在①號球或③號球佔據二門，易於被吃掉時，可以考慮過一門，然後「拔釘子」。

　　④號球直衝二門，如果比較有把握時，可以考慮過一門，衝過二門後，將球打向三角邊線，或者打向三門前。假如②號球在四角、三門前一帶，在對方不至於閃送①號球的情況下，可以靠向②號球（應注意，保持一定的距離，順邊線拉手）。

　　在②號球已經一門留球，③號球又過了一門的情況下，④號球宜一門留球，下一輪可以形成②接④，便於衝向二門。

　　當第一輪②號球一門留球時，⑩號球在第一輪過一門後，視情況，即可以停留在一門後，接應②號球過一門；有可能撞擊到④號球時，又可以撞擊在場內的④號球（在不受①號球的威脅情況下），然後閃送到一門後，便於第二輪②號球過一門後撞擊，④號球即有可能成為王牌球（注意：遠離③號球，不受其威脅）。

　　⑤、⑥、⑦、⑧號球：

　　⑤、⑥、⑦、⑧號四個球可以從既防止被對方吃掉陷於被動，又要從積極進攻，消滅對方，佔據優勢的角度去考慮舉措。例如，紅方在二門後，已經有了一個前序的球時，紅方的後序球就不要再衝二門。因為，一旦衝不過二門，都堆積到二門後，當白方有後序的球，衝過二門時，容易拿紅方的前序球當「炮彈」，連據守二門的紅方占位球都將被閃帶出界。這一點是應該警惕的。

　　再如，二門後已有②、④、③幾個球，⑤號也可以考慮衝二門，一旦成功，則可將②、④開除界外，③號球與⑤號球到安全地帶隱蔽，下一輪③打⑤即是王牌球，而決定⑤號球是衝還是留，其關鍵是要看⑤號擊球員衝二門的

基本功如何，是否有把握。

當對方相鄰兩個球在場內構成結組球時，己方的中間保護球又難以發揮保護作用時，己方的後序球都應該一門留球。例如，②、④號球已在四角前的邊線結組，而③號球又「自殺」出界，⑤、⑦、⑨號後序球就宜一門留球，為防止下一輪對方派遣④號王牌球，大開殺戒。再如③號球既或處在界內，而②號球給④號球做成擦邊角度時，③號擊球處理不了④號球時，④號球仍然可以擦邊②號球，奔向理想位置，發揮威力。

由於《1996 修改條文》規定了自球三個輪次不過一門，將被取消本場的參賽資格，所以，現在都是儘量搶在第一、二輪便過一門。⑤、⑥、⑦、⑧號球過一門後，有的積極主張衝二門，有的主張打到從四角到三門前的邊線區段，實行鄰近兩個球結組拉手，或者，到第四角，實施四角線戰術，為下一輪發動進攻做好準備。應該說，這兩種主張都各有道理，按照門球比賽的特點，要靈活多變，不能僵化，哪個球該怎樣打，還是要因人制宜，順勢而行。

⑨號球：

⑨號球是留，還是衝，要看從①～⑧這八個球是怎樣舉措的。

用⑨號球過一門後，去接應據守二門的①號球，以便①號球過二門，再處理二門後的他球，這是下策，是圖僥倖。因為極容易被⑩號球過一門後，擊中⑨號球，以⑨閃帶①，⑨、①兩個球都被吃掉。

此時，在場內有對方的拉手球時，⑨號球也不宜過一

門，可以留球，蘊藏後勁兒。如有直衝二門成功的把握。當然也可以直衝二門，不過憂喜各半。如果對方在場內已有聚堆球時（假如，在三門前）⑨號球宜輕過一門，撞擊對方聚堆球。如果對方沒有拉手結組球時，⑨號球可以過一門，過一門續擊到二門後左側，接應下一輪①號球過二門後，擦邊奔向三門。

⑩號球：

⑩號球要過一門。過一門後接應②號球過一門最為穩妥，發揮②號球擦邊前進的作用。⑩號球如果硬衝二門，也憂喜各半。

⑩號球也可以遠距離衝擊對方的聚堆球。

145. 當球過一門後，直接衝二門時，會出現幾種情況？

會出現八種情況。

（1）既衝過了二門，成立得分，又撞上一個門後（或閘前）的他球，獲雙桿。

（2）衝過了二門，成立得分，獲續擊權。運用續擊權可以撞擊二門後的他球，也可以將自球打向其他方位。

（3）衝過了二門，成立得分，但自球出界，沒有續擊權。

（4）既沒有過二門，又衝出了界。

（5）球沒過二門，從門旁溜到門後，停留在界內。

（6）球撞上門柱，沒有過門，停留在二門的附近。

（7）用力小了，球到門前停下。

（8）球沒過二門，但撞上門後或閘附近的他球，有的

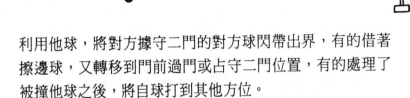

利用他球,將對方據守二門的對方球閃帶出界,有的借著擦邊球,又轉移到門前過門或占守二門位置,有的處理了被撞他球之後,將自球打到其他方位。

146. 什麼是王牌球?怎樣孕育、形成王牌球?怎樣防止對方出現王牌球?

所謂王牌球就是具有絕對殺傷力的強大球,是對方無法抗拒的頭號球。例如,當③號球「自殺」出界,紅方球出現空檔,②撞擊④,④就成為王牌球。因為,此時紅方已經失去了③號球的保護。

王牌球可分為全場性王牌球與區域性王牌球。全場性王牌球是對方的保護球正處在界外,或已經奪標,或因三次沒過一門,已被取消本場次比賽資格,對己方友球喪失了保護作用,使對方王牌球可以「為所欲為」;區域性王牌球是對方的保護球還存在於場內,對王牌球具有一定的威懾力,對鄰近的己方部分友球具有保護作用,而對距離遠的另外區域的友球,則失去保護作用。區域性王牌球就是指對方失去保護作用的這個區域而講的,它僅能對這個區域的對方球,具有絕對的殺傷力,可以「為所欲為」。

孕育、形成王牌球

有許多王牌球是需要經過孕育之後,才能形成的。孕育形成的條件如下:

(1)對方有某個球「自殺」出界,或由己方將對方某個球開除出界,對方的五個球出現了空檔。

(2)對方有球過早地奪標(包括對方自行奪標,或由己方將對方球閃送奪標),對方的五個球出現了空檔。

（3）對方有球犯規，被判罰將自球拿到界外，對方的五個球出現了空檔。

（4）對方有球三次沒過一門，被取消本場次比賽資格，對方的五個球出現了空檔。抓住對方球出現的這四種空檔時機，臨場指揮員憑著調遣支配己方球的才能，便可以製造、形成王牌球。孕育的過程便是臨場指揮員精心策劃、精密組織的過程。

例如，比賽的第一輪⑩號球過一門後，吃掉據守二門的①號球，然後續擊過二門，又吃掉處於二門後的③號球，進而又撞擊鄰近的④號球，指揮員便指令將④號球閃送到一門後，因為②號球在第一輪是一門留球。①、③號球已經被閃擊出界，對方失去保護球，②號球過一門，撞擊④號球，即成為王牌球，可以閃送到場內任何一個方位，發揮作用。⑩號擊球員經過這一系列的八次揮桿，最後孕育了②號球過一門後，再續擊④號球，④號球成為王牌球。指揮員能夠從⑩號球看到④號球，從②號球一門留球，想到④號球可以形成王牌球（前後是五⑦個球、兩個輪次），顯示了具有一種不失時機，不丟步數的胸懷和才能。

王牌球的出現，總括來說，有四種情況：

（1）通過運轉傳遞形成王牌球。

運轉傳遞的過程就是孕育的過程。每當擊球員執桿擊球時，指揮員總是要想到是否有條件可以形成王牌球，有些則是需要等待時機的，因過早地組合，讓對方看到己方將要有王牌球出現時，對方會採取相應的對策。所以說「王牌球」不宜過早一次到位。

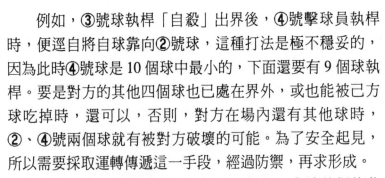

例如，③號球執桿「自殺」出界後，④號擊球員執桿時，便逕自將自球靠向②號球，這種打法是極不穩妥的，因為此時④號球是 10 個球中最小的，下面還要有 9 個球執桿。要是對方的其他四個球也已處在界外，或也能被己方球吃掉時，還可以，否則，對方在場內還有其他球時，②、④號兩個球就有被對方破壞的可能。為了安全起見，所以需要採取運轉傳遞這一手段，經過防禦，再求形成。

例如，當③號球執桿「自殺」出界後，④號執桿後收桿時，便要視場內安全條件，靠向⑥號球或⑧號球，由⑥或⑧號球傳遞給⑩號球，最後由⑩號球再閃送給②號球；或者⑩號球便於撞擊②號球時，撞擊後，在不受①號球的威脅情況下，由⑩號球將②號球傳送給④號球也可以。經過這樣的周折、運轉傳遞，可以增加安全係數，成功率也就提高了。

（2）抓住對方球出現空檔之機，及時利用擦邊或過門條件，主擊球奔向臨近下手球，透過續擊，擊中後形成王牌球。例如，⑥號球過二門後，落位到⑦號球附近，擦邊⑦號球奔向三門前的⑧號球，將⑦號球閃擊出界，續擊⑧號球，⑧號球即形成王牌球。再如，①號球過二門後，落位到③號球附近，續擊③號球，③號球即成為區域性王牌球（因②號球還在，③號球只能在②號球不具有保護能力的區域，發揮作用）。

（3）充分利用對方球提前奪標，或三輪沒過一門，該球被取消參賽資格之機，抓住對方球的空檔不放，輪輪形成王牌球。

在比賽中，有時出現對方球自行提前奪標；有時指揮

員指令己方的擊球員，將對方已過三門的球給予閃送奪標。有時對方出現三輪沒過一門，被取消該場參賽資格的球，則更是使對方球形成了全場比賽的空檔。有心勁兒的有較強戰略意識的指揮員，便要抓住這一良好機遇，堅持連續形成王牌球。因為，對方的這種空檔不同於球出界的空檔。球出界的空檔是臨時性的，經過一個輪次之後，便可以復活；而這種空檔，是一個場次或半個場次的空檔，屬於幾個輪次的空檔問題。遇到這種情況，本隊球在乘機過門得分的同時，可以很好地監控對方球，既可以由轉送傳遞，也可以在對方球全被清除出場之後，主擊球與王牌球保持拉手結組，輪輪形成王牌球，壓住對方不放。沒經驗戰術意識差的指揮員，常常忽視這一點，不能完全發揮以「全」打「少」的優勢，不能抓住對方球的空檔，連續製造、形成王牌球，實在是遺憾、可惜。

（4）趕上機遇，順其自然形成王牌球。

門球賽場上，常常出現新的機遇，一桿球就扭轉了局勢，往往就連本隊也沒有預料到，其中也包括王牌球的出現。例如，為友球吃掉對方的保護球。④、⑥號球在三門前結組，③、⑤號球在二門前結組，③、④、⑤、⑥號四個球，雙雙各居在一個門，形成犬牙交錯。②號球處在二角，輪及②號執桿，一個遠距離的撞擊，先擊中⑤號球，又續擊擊中③號球，這樣就使紅方失去了保護球。④打⑥便形成了王牌球。

再如，先出現了雙桿，運用兩次續擊，又出現了王牌球，在四角⑦號球已把⑧號球看住，⑥號球正是該過三門，處在三門前。輪及⑥號執桿，⑥號過三門，又遠距離

擊中處在一門附近的③號球，竟打成雙桿。⑥號運用兩次續擊，到四角，先吃掉⑦號球，又撞擊⑧號球，⑧號形成王牌球。還有，運用反破壞，又形成了王牌球，即先閃送去一個己方先手球，解救已被對方下手球看守住的己方友球。由己方先手球吃掉對臨近下手球後，被解救的己方下手球，即可以成為王牌球。像⑩號在二門前撞②號球後，恰好在四角③號球正看守④號球，便可以將②號球閃送給③、④號球。當①號球在二角執桿收桿後，②吃③，再撞④，④便成為王牌球。

防止對方出現王牌球

就是不給對方形成王牌球的條件，保護己方球不出現空檔。為此，就必須要做到不「自殺」；不過早奪標；防止己方球被對方吃掉；警惕犯規，自球被判罰拿到界外；保護自球三次以內過一門。防備對方球擦邊奔襲。己方五個球宜互為照應，分出有遠有近的拉手結組，在沒有危急的情況下不可太分散，七零八落。

當預見到對方即將出現王牌球時，要採取積極主動的措施，竭力進行破壞。必要時，可以用自球頂撞，用己方友球閃帶，擦邊奔襲，遠距離撞擊等。

147. 在練球時，從執桿過一門，到撞擊終點柱，最佳成績可以擊球幾次？每次擊球應達到的目標效果是什麼？

最佳成績為六次。第一次執桿過一門，到達便於直衝二門的方位；第二次執桿直衝二門成功；第三次執桿到三門前；第四次執桿過三門成功；第五次執桿到終點柱附近；第六次執桿撞擊終點柱成功。

148. 撞頂與擦邊相結合的打法是什麼？

請看圖 10，當 7 號執桿時，宣佈「比賽時間到」，紅方由於求勝得分心切，忽視了⑧號還有一桿球和其所處位置條件極佳的後果。⑦號球一舉奪標，又贏得 2 分，雙方比分成為 16（①、③、⑤、⑦、⑨）：12（②、④、⑥、⑧、⑩）看來，紅方取勝似乎是不成問題的了。可是，⑧號憑著還有一桿球，卻扭轉了乾坤。⑧號採用撞頂與擦邊相結合的打法，借著擦頂⑥號球過三門的機會，將自球斜甩到距終點柱 3 公尺遠處，利用獲得的閃擊權，將剛擦頂過三門（得 1 分）的⑥號球閃送奪標（得 2 分），再利用續擊權，自球奪標（得 2 分），使雙方比分從 16：12 變為16：17，白方轉敗為勝，這種將戰術寓於嫻熟的技巧之中

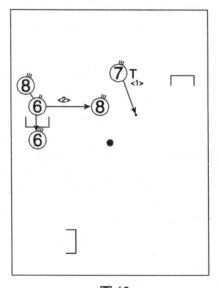

圖 10

的超常打法，使平靜的場地，竟然出現了驚濤駭浪，令人刮目相看，咄咄稱讚，8號擊球員基本功實在過硬。

同理，當在自球前有一友球處在二門或三門前時，需要及時過門得分；而當其又是個王牌球時，自球便可以找好角、距、力，由撞擊的力量，將其撞頂過門，既可以獲得過門分，又可以將其閃送到某一理想方位，發揮王牌球的作用。在需要搶時間、搶比分的時候，這種撞頂擦邊相結合的打法最為有效，它是屬於高效戰術中的一種打法。

149. 如何提高在同一次執桿擊球過程中的效果？

比賽中，有時出現在同一次執桿過程中，由於執桿擊球員發揮得特好，所以，在同一桿擊球過程中，能夠創造出類似全場大掃蕩，或者，在雙方比分相差懸殊的情況下，竟然能在最後一次執桿擊球時，頻頻得手，打出令人驚歎不止的高效球，從而轉敗為勝。但是，這種高效球的出現，擊球員能夠發揮得特好，乃是由於諸多因素綜合作用而形成的：

（1）擊球員具有過硬的技能技巧，能夠適應球勢需要，運用好過門、擦邊、閃帶、閃送、雙桿、到位、撞柱等各種不同手段；

（2）擊球員具有穩定的心理素質，能夠起到保證作用；

（3）指揮員具有敏捷的思路，能夠適時地作出高超的指揮、引導。指揮員與擊球員配合協調、默契；

（4）擊球員適應場地。場上的球勢良好，在客觀上為執桿球提供了創造高效球的客觀條件。

　　以上這幾點也就是謀求提高在同一次執桿擊球過程中效果的基本途徑。

　　下面再舉個賽例，作一具體說明：請看圖11，現在輪到8號擊球員執桿。依據場上現有球勢，指揮員立意，要求8號擊球員在一次執桿過程中，陸續吃掉對方的五個球。指揮員認為8號擊球員基本功過硬，閃帶能力強，臨場發揮又好，是完全可以做到的，具有成功的把握。

　　球勢的有利條件是，⑧球還沒有過三門，擁有三門後的控制權，而⑨號球又在⑧號球附近，借著撞擊⑨號球之後，用⑨號球將①號球從靠近邊線處閃擠到界內來，落位到三門前右側。這是關鍵的一步，也是衡量擊球員的基本功是否過硬、技藝是否高超的所在。這一步成功之後，⑧號球便撞擊①號球，到三門前（讓①號球起個接應作

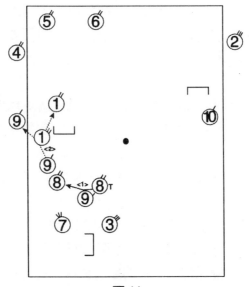

圖 11

用），用①號球閃帶位於四角的⑤號球，使①、⑤號球雙雙出界，然後⑧號球再借著該過三門這一有利條件，過三門之後，落位到③號球附近，用③號球將⑦號球閃帶出界，這樣就達到了預想目的，吃掉對方的五個球，獲得大清洗的赫赫戰果。

150. 當己方球出現險情時，該怎麼辦？

在比賽中，己方球出現險情，是常有的事，這時，最重要的是應該保持沉著冷靜，尋找有利條件，謀求把險情消滅在萌芽之中，化險為夷。

現舉一實例，看紅方是怎樣排除險情的。場上的球勢，見圖 12 該由 1 號執桿。縱觀球勢，②、④兩個球靠近邊線拉手結組，③號球處於界外，當①號球執桿之後，紅

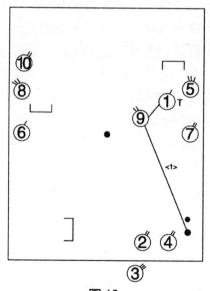

圖12

方的滅頂之災即將來臨。是否能夠化險為夷，起決定性作用的就在於①號球，設法把②、④兩個球吃掉（哪怕是僅把④號球吃掉，其危險性最低也會減少一半）。

比賽中，當出現危機時，謀求化險為夷的一般做法，有這樣幾個：積極防禦，將己方球分散開來，爭取把損失減少到最低程度，留下力量，以求東山再起；有可能時相應地給對方造成難點。例如，派遣己方一個先手球，去看守對方球，牽著對方鼻子走，形成一還一報的局面；直接將對方危險球撞頂出界；有條件時，運用擦邊技能，奔襲危險球，消滅之；運用閃帶、閃頂技能（包括用己方友球）吃掉危險球。

紅方指揮員根據球勢位置的難易、得失，從全局權衡，便毅然放棄①號球過二門得分，放棄疏散己方球（由於⑤、⑦號球接近邊線，①號球撞擊有一定難度，搞不好則失去①號球擦邊⑨號球的良機），便放棄派遣己方⑤號先手球去鎮守、盯逼對方球（雖然①號球撞擊⑤號球後，可以派送給⑥、⑨、⑩號球，但不清除②、④兩個球，對方仍然可以反破壞。②號球派送④號球，可以吃掉⑤號球，然後④號球撞擊⑥號球。⑥號球成為王牌球，紅方仍然要遭到全殲），決定由①號球抓住與⑨號球具有的良好角度，擦邊⑨號球，奔向④、②號兩個球。落位如果不理想時，可以用⑨號球，閃帶④號球出界，還可以用自球直接將④號球頂出界外。結果，擦邊後，①號球落位較好，距④號球僅有 2 公尺遠，順利地吃掉了④號球，又撞擊②號球，並以②號球將⑥號球閃帶出界。驟然間，①號這一連串的擦邊、撞擊、閃帶，使全場局勢發生正反性變化，

紅方化險為夷。

151. 如何抓住戰機扭轉局勢？

有這樣一個賽例：比賽時間已經過半，紅方球全部過三門，而白方球尚沒有過二門的，雙方比分相差 10 分（15：5），而這時輪到 8 號執桿，借著過門的有利條件，然後衝向聚堆球，將紅方球全部吃掉，分別閃送到界外，一舉扭轉了乾坤，取得了最後勝利。

場上球勢如圖 13，白方運用高效戰術，採取搶時間、集體過門的打法，結果僅用一輪，就全部通過二、三門，最後達到滿堂紅，提前結束比賽。

具體做法： 8 號執桿擊球過二門時，就想到了球過門後，要續擊聚堆球。因此，注意到了球的落位。8 號從擊

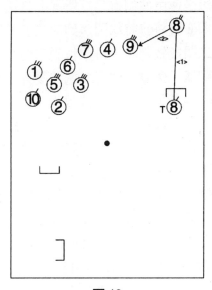

圖 13

中⑨號球開始，陸續將五個紅球吃掉，將己方四個友球閃送到二門前，然後自球打到二門後。⑨號球進場壓線。10號執桿，將②、④、⑥三個友球，閃送過二門，並且落位較為接近，自球也過二門，然後奔向三門前。①號球進場壓線。2號執桿，撞擊④、⑥、⑧號三個友球，並從二門後，閃送到三門前，自球也靠向三門。③號進場壓線。4號執桿，在三門前撞擊⑥、⑧、⑩、②號球，並閃送過三門，自球過三門，到終點柱附近。⑤號進場壓線。6號執桿，撞擊⑧、⑩、②號友球，並閃送到終點柱附近，自球也去終點柱附近。⑦號進場壓線。8號執桿，撞擊、閃送⑩、②、④、⑥號球奪標，自球奪標。

這場比賽結束後，白隊在總結經驗時，還提出另一種同樣可以取勝的設想。

他們的設想是運用個個過門打雙桿的打法，並巧妙地處理⑧號球。即⑧號將⑩號球閃送到二門前，將②、④、⑥號球閃送到二門後做靶球，自球也到二門後，用四個球給⑩號球充當靶球，保⑩號球打成過門雙桿。⑨號進場壓線。10號執桿，自球過二門，打成雙桿。先保留雙桿，用一桿續擊②號球，閃送到二門前，再分別用續擊的一桿，將⑧、⑥、④號球閃送到二門後，充當②號球的靶球。然後，自球用雙桿，到三門前過三門，過門後再返回二門後，也是充當靶球。①號進場壓線。2號執桿過二門打雙桿，用續擊一桿撞擊④號球，然後閃送到二門前，撞擊⑧號球，閃送到三門前，留下⑥、⑩號球，在二門後充當靶球。自球用雙桿過三門，然後打回到二門後，也充當靶球。③號進場壓線。4號執桿過二門，並撞上一個友球，

獲雙桿。用續擊一桿，撞擊⑥號球，閃送到二門前。留下⑩、②號球充當⑥號球的靶球。④號自球運用兩桿，第一桿到三門前，先閃送⑧號球過三門，自球過三門，視⑥號球及閘後⑩、②號靶球對應情況，是否需要補充，如果需要，可以再打回到二門後，或到二門前，給⑥號球調位。如果不需要，則可以直接打到終點柱附近。⑤號進場壓線。6號執桿，過二門打雙桿，用續擊的一桿，撞擊②、⑩以及④號球，並閃送到終點柱附近，自球再運用兩桿，第一桿到三門前，第二桿過三門，然後撞擊處在三門後的⑧號球，閃送到終點柱附近，自球也跟過去。⑦號進場壓線。8號執桿，分別撞擊處在終點柱附近的⑩、②、④、⑥四個友球奪標，最後自球奪標。

綜合上述所介紹的兩種打法，不論是採取集體過門，還是設想的逐個連續打雙桿，能否成功，關鍵是在於擊球員能夠做到桿桿不失誤，具有過硬的基本功作保證。撞擊準確，擊球、閃送球都能到位，落位點理想，善於打過門雙桿球，善於閃送球過門，否則就要落空，做不到五個球提前奪標。一旦出現滯後球，誰勝誰負就很難說了。

152. 試問輪及1號執桿，②號球處於界外，①、③號球處在二門前，都是該過二門，運用什麼打法能夠做到3號執桿時，①、③號兩個球既過了二門又能過了三門？

必須應用門後擦邊技術，即①號自行過二門後，在二門後給③號球擺一個過二門後，擦邊①號球，奔向三門的角度（不可擺雙桿），這樣，就有條件由③號球先閃送①號球過三門，然後③號球再過三門，見圖14。

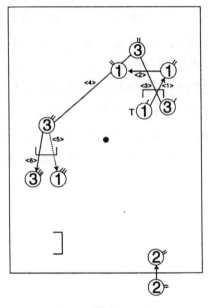

圖 14

這是一種高效打法，能否成功，取決於①號球給③號球所擺的擦邊角度理想以及 3 號擊球員的擦邊能力。只有自球過二門後，落位較好，巧借擦邊之機，將自球再落位到三門前，才能達到目的。

這種打法也適用於主擊球過三門，擦邊門後的一個他球，奔向終點柱，一舉奪標。

153. 在二門或三門前，當己方撞擊到一個鄰近下手該過這個門的友球時，是閃送過門好，還是留在門前讓它打個過門雙桿好？

這要看有沒有安全條件和要從比賽時間還有多少來考慮。戰術上的靈活性，也就表現在這裏。如果安全條件

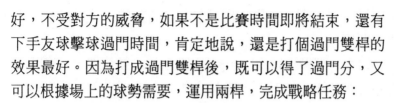

好，不受對方的威脅，如果不是比賽時間即將結束，還有下手友球擊球過門時間，肯定地說，還是打個過門雙桿的效果最好。因為打成過門雙桿後，既可以得了過門分，又可以根據場上的球勢需要，運用兩桿，完成戰略任務：

（1）需要搶分時，可以運用兩桿，閃送友球過下一個門，運用兩桿閃送友球和自球奪標。

（2）需要解救友球時，可以運用兩桿吃掉對方的危險球。

（3）需要及時消滅對方的有生力量時，可以運用兩桿，吃掉對方的拉手聯結球、對方的聚堆群球、對方的保護球、對方的得分球。

（4）需要支援友球時，可以運用兩桿，取回送走某個友球到達一個新的方位。

（5）需要發展球勢時，可以運用兩桿，給友球再次配置雙桿。

154. 在己方球勢出現燃眉之急的情況下，可否用己方友球將對方球閃帶出界？

可以，但必須具有三個條件：

（1）在閃帶之後，附近能保存一個己方的遠號球，能夠接收因閃帶而出界的己方球；

（2）這個己方遠號球又不受對方球的威脅；

（3）有閃帶對方球成功的把握，定能閃帶出界，而不至於友球出界，對方球卻沒出界。只要具有這三個條件，即便己方友球與之同歸於盡，也不必為此覺得可惜。因為從形式上看，己方友球跟著一同出界了，但實際上，等於

沒出界一樣，因為在界內附近還有遠號友球，可以接納出界的友球。

現舉一實例加以說明。見圖 15 輪及 1 號執桿，比賽時間還有 8 分鐘，雙方比分為 11（紅）：10（白），面對這種球勢，該採取哪一種打法為好呢？

第一種打法：

由①處理②。①號球可以回頭先撞擊③號球，閃送給④號球或⑤號球，然後①號球可以過三門後，再撞頂②號球，將②號球頂出界，也可以不過三門就直接將②號球頂出界外。因為，輕沾難度較大，一旦失誤，沒沾中，自球反而出界，將②號球留在界內，其後果就不堪設想了。進而，由③號球處理④號球，可以用⑤號球撞頂④號球出

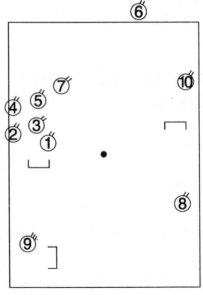

圖 15

界，也可以用自球將④號球頂出界。這種打法的弊端是，②、④號球都是先手球，出界後，隨後就要打回界內，或者仍然壓到原邊線上，給下一輪留下難點。

第二種打法：

由①號球分別將③、⑤、⑦號球閃送過三門，自球也過三門，然後將自球打到安全位置，置②、④兩球於不顧。這種打法是為了得分，不看後果。當②、④號球過三門後，必然將③、⑤、⑦號球吃掉，紅方球則要失去後勁。

第三種打法：

借②、④球已固定在壓邊線之機，①撞③、⑤號球可以連續形成區域性王牌球，因此，先不謀求過門得分，①撞③、⑤號球之後，將它們閃送到某一區域，既可以處置對方其他球，又可以當②、④兩球執桿完了，由⑤或⑦號球，再將③、①閃送回三門前，下一輪再考慮過三門。但這樣做，耽誤時間，在8分鐘之內，比分趕不上來，則將以失敗而告終。況且，⑥號球處在界外，⑧、⑩又不是危險球。

第四種打法：

由①撞③，用③將②閃帶或閃頂出界，再撞⑤，用⑤將④閃帶或閃頂出界，然後自球過三門，過門後，打回到三門後，給⑦號球擺過門雙桿，充當靶球。

綜合分析上述四種類型的打法，第四種打法便是在燃眉之急的情況下，用己方③、⑤號球，分別將②、④號球閃帶出界，留下遠號的⑦號球在界內。按照採取哪種打法，需要因人、因時、因勢的要求，比較利弊、得失，採用這種打法還是穩妥的。因為，用③、⑤號球清除②、④號球，從形式上看，是③、⑤號球也隨同②、④號球出

界，但隨後就可以打入界內，有⑦號球在界內等待接納，由⑦號球可以照樣閃送③、⑤號球過三門，一點兒不耽誤得分。又加上，⑥號球處在界外，具有安全條件作保證。⑦號自球過門打雙桿，用兩桿再去吃掉⑧號球，也不為晚，而這時的雙方比分，卻由 11：10，變為 15：10，三門的控制權，通過⑨號球調整己方球的球位，②、③號球雖然已經進場壓線，但仍可以派遣①號、③號等先手球看守，再經過一個輪迴，比賽時間也就結束了，可以說，這樣做，紅方已是穩操勝券。

155. 如何協助己方滯後球，把比分迅速趕上來？

所謂滯後球，就是己方其他友球已經過了二門，甚至過了三門，而另有某一個球連二門還沒有過，形成滯後。它影響比分，拖後腿，五個球不能並駕齊驅，給聯合行動造成困難。在比賽中，出現這種情況也是常有的事。要解決某球的滯後問題，需要順勢而行，不能操之過急。如果由滯後球自己執桿，打到某個門前，一球孤立，等待下一輪時，再自行擊球過門，這種辦法是很不妙的，往往不易成功，要被對方球吃掉。而且，這個滯後球一旦成為己方球的保護球時，由於脫離群體，失去保護作用，則更坑害其他友球，讓對方王牌球有隙可乘，大開殺戒。

比較切實可行的協助滯後球，過門得分的方法是：

（1）由己方上位球閃送滯後的下位友球到門前，只要不受對方中間球的威脅就可以成功。例如，①、⑤、⑦、⑨號球都已過完三門，而③號球還沒有過二門，輪及 1 號執桿，正好擊中③號球，對方的中間球②號又處在界外或

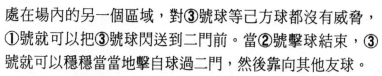

處在場內的另一個區域，對③號球等己方球都沒有威脅，①號就可以把③號球閃送到二門前。當②號擊球結束，③號就可以穩穩當當地擊自球過二門，然後靠向其他友球。

（2）為滯後球創造條件，形成場內平地雙桿，讓滯後球運用兩桿過門得分。

（3）臨近上位球，給滯後球接應一個較好的角度，讓滯後球擦邊到二門或三門前，然後續擊自球過二門或三門。

（4）在具有安全條件的情況下，可以依靠友球，互為閃送、轉移的方法，幫助友球連續過二、三門。

例如，圖16為了協助滯後的⑩號球連續過二、三門，輪到2號執桿，②號在有利的位置形勢下，穩紮穩打，先

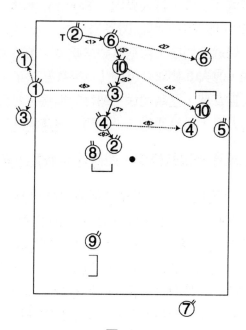

圖16

撞⑥號球，閃送到二門後，使其發揮接納轉移作用，再撞擊最遠號的⑩號球，將其閃送到二門前，進而撞擊對己方最有威脅的③號球，以③號球為炮彈，將剛剛壓線的①號球雙雙閃出界外，最後撞擊頭號大球—— ④號，閃送到二門前靠向⑩號球。這樣，就可以由④號球將⑩號球閃送過二門，並力爭落位到⑥號球附近。④號在撞擊⑩號球時，在不影響閃送⑩號球過門的角度下，有意識地接近⑤號球，完成閃送⑩號球的任務後，以自球將⑤號球頂出界外，確保己方友球的安全（③、⑤號球都分別進場壓線，誰也不敢靠向⑨號球，因為⑧號在三門前，該過三門）。輪及⑥號執桿時，就可以撞擊⑩號球並閃送到三門前，自球也去三門前。⑦號球處在界外，打入界內。⑧號球接納⑩、⑥、②號球，視比賽形勢需要，可以閃送過三門，也可以留在三門前，⑧號自球過三門後，再把 9 號球吃掉，①號球還處在界外，因此說，⑩與②號球就可以「為所欲為」了。由這種在門前門後安置友球，互為閃送、轉移的辦法，使⑩號球借助上位友球的力量，連續通過二、三門，迅速提高比分。

156. 自球在一次執桿中，如何才能創造出高比分呢？

自球在一次執桿中，要謀求創造出高比分，需要借助擦邊、斜甩到位、自球落位適宜、走向合理、打成雙桿球、運用兩桿再續擊等手段，達到自球和閃送友球連續過二、三門，以及撞柱的目的，才能創造出高比分。與此同時，儘量吃掉對方該過門和撞柱的得分球。在無形中，這也是提高己方的比分。因為，對方本來能夠得到比分的球，卻沒有得到比分，實際上，也等於己方球相應地增加了比分。

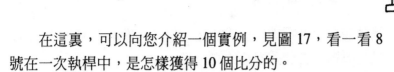

在這裏，可以向您介紹一個實例，見圖 17，看一看 8
號在一次執桿中，是怎樣獲得 10 個比分的。

⑧號自球過二門（得 1 分），落位適宜，擦邊⑥號
球，奔向終點柱（不可直接奔向三門前），將⑥號球閃送
奪標（得 2 分），再擦邊對方的①號球，奔向三門前（這
是為了做到自球走向合理，達到多得分的目的，所以⑧將
⑥奪標後沒有就近撞擊⑩號球，再撞擊②號球閃送奪
標）。⑧號自球過三門（得 1 分），落位好，先擦邊②號
球（落位不宜超過⑩號球），靠近⑩號球，將②號球閃送
奪標（得 2 分），再擦撞⑩號球，靠近終點柱，將⑩號球
閃送奪標（得 2 分），最後自行奪標（得 2 分），這樣⑧

門球入門與提升180問

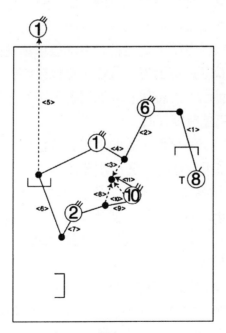

圖 17

號球在一次執桿中，前後加在一起，共獲得了 10 個比分，又吃掉對方①號該撞柱的得分球。

157. 用對方上位球閃帶處於邊線的對方下位球，是否有害處？

用對方上位球閃帶對方下位球，如果能準確無誤地將對方下位球閃帶出界，是沒有什麼害處的，特別是在緊急的情況下，更可以這樣做。問題是如果將對方下位球，不能閃帶出界，則要帶來害處了。因為上位球必然是在下位球附近出界的，上位球先進場，進場即可為下位球服務（可以給下位球作出擦邊角度，也可以為下位球配置雙桿）。有時這正是對方所希望的。由於有下位球在場內接納，上位球等於沒出界一樣。所以說，己方這樣做是得不償失的。如果己方接著還能給對方下位球派送去一個己方的上位球，看守這個對方下位球，那也就將害處化為烏有了（因為在有己方上位球看守的情況下，對方球是不敢進場為其接應或配置雙桿的）。

下面介紹一個實例，說明用對方上位球，閃帶處於邊線附近的對方下位球的害處，見圖 18。

輪及 10 號執桿，由於白方急於求成，想過門得分，放鬆了對⑤號球的看管，使 5 號執桿時，一舉扭轉了紅、白雙方的局勢。⑩號分別撞擊①、③號兩個球後，用其閃帶⑤號球，因距離較遠，均未中，埋下了禍害。⑩號自球過三門後，沒有回頭撞擊②號球，也沒有將自球打到三門後，為②號充當靶球，讓②號打成雙桿後，吃掉⑤號球。⑩號又沒有靠向④號球，給④號一個擦邊奔襲⑤號球的角

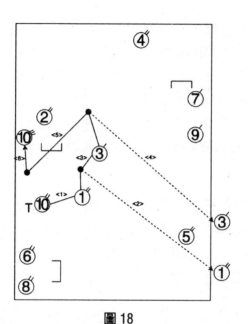

圖 18

度，而是靠向②號球，置自球於三門一號位。紅方見到②
號球難以撞到④號球，不具備派送④號球看管⑤號球的條
件，②號又沒有打成雙桿的可能性，所以，輪及 1 號執桿
時，便將自球打進場內，先給⑤號球做個擦邊角度。2 號
執桿，過三門得分回頭又靠向⑩號球，沒有接應④號球，
讓④號擦邊奔向⑤號球，或者奔向二門前的⑦、⑨號兩個
球，這又是個失誤。3 號執桿，趁此機會，打進場與①號
球配合，給⑤號造成雙桿角度。在⑤號球已有雙桿的情況
下，④號球不僅不敢靠向⑩號球，就連⑥號球也不敢靠向。
此時，白方已經出現了緊張勢頭，④號球只好一搏，遠距離
衝殺⑤、③、①號球，結果未中，出界。輪及 5 號執桿，打
成雙桿後，先閃送①、③號球到二門後，給⑦號球擺雙桿，

然後奔向三門，吃掉⑩、②號球，過三門，直奔⑥號球，撞擊⑥號球，用其閃帶⑧號球，雙雙出界，收桿時，接應⑦號球。由此，二、三門都為紅方佔有，形成了主動局面。

由此可以看出，促成雙方局勢轉化的前因，是在於⑩號球不應該以先手球①、③號球閃帶後手球⑤號，犯了大忌，又加之沒有發揮②、④號球的作用，所以釀成了被動的後果。

158. 當自球撞擊一個他球後，自球與另一個未被撞擊的他球相距僅有1公分遠，處在這種情況下，當自球閃擊被撞擊的他球時，怎樣才能不觸動未被撞擊的他球，從而如願完成閃擊任務呢？

處在這種情況下，最為重要的是應當精心巧妙地處理好閃擊被撞擊的他球時，不震動，不觸及未被撞擊的他球，避免出現觸及靜止球犯規。這可以針對被撞擊的和未被撞擊的兩個他球是屬於己方球，還是屬於對方球的不同情況，採取不同的方法進行處理。

（1）如果被撞擊的他球是對方球，特別又是臨近的下手球時，屬於必須閃擊出界的球。由於怕用力大了，觸動到未被撞擊的他球，用力小了，將他球又沒有閃擊出界，所以，為了順利地達到吃掉這個球的目的，可以分兩步走：第一步，輕微用力將已被撞的他球閃出10公分以外即可，確保不觸動未被撞擊的他球；第二步，再續擊另一個處在附近的他球，取得閃擊權後，就近以這一個他球閃帶先頭被撞擊的他球。這另一個他球，如果是對方球時，就要找好角度（偏斜），讓它們雙雙出界；這另一個他球，

如果是己方球時，就要找好力度，正面硬頂，爭取將己方球坐留在界內，而將先頭被撞擊的他球頂出界外。既要將先頭被撞擊的他球頂出界，又要將己方的這個另一他球坐留在場內，同樣，也是個技巧性很強的一種打法。為了取得成功，當自球續擊另一個他球時，應該有目的地作個擦邊調位。找好便於閃頂的方向。

（2）如果被撞擊的他球是己方球時，則要在保證不觸及未被撞擊的他球前提下，適當準確地用力，爭取閃送到一個較為理想的方位即可以了。如果這個球的落位不夠理想，正是處在危險區域之內時，則要竭力挽救，透過續擊（要擦邊調位）處在附近的原先未被撞擊的另一個他球，用這個他球可以閃頂，或者，自球也可以直接撞擊對方的危險球，爭取化險為夷。

159. 在什麼情況下，可以發揮閃頂技術的作用？

所謂閃頂即是利用已有的閃擊權，由閃擊他球，讓他球再撞頂另一個他球出界、過門或移動到一個理想的位置，而被閃擊的他球，仍然為界內的有效球。

（1）閃頂他球出界：

例如：圖 19，在二門前的一號位區域內，輪及 3 號執桿，③號球撞擊⑤號球後，要求擊球員利用閃擊⑤號球之機將正處在一號位邊線的④號球頂出界外。因此擊球員便需要找好角度，用力適度，使⑤號球留在界內，而⑤號球被頂出界。這樣，③號球就可以不失去續擊權，⑤號球又是有效球。③、⑤號兩個球都可以過二門得分，③號、⑤號兩個球又可以保持結組，孕育⑤號球，在下一輪成為王

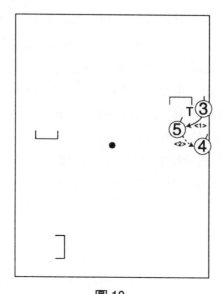

圖 19

牌球。若不是這樣發揮閃頂技術的作用，而由③號球親自將④號球驅逐出界時，③號球則將失去續擊權，欲求⑤號球與③號球在此時雙雙過二門，是不可能的了。因此說，以⑤號球閃頂④號球出界，是最合算的。

（2）用被閃擊球將友球頂過門得分：

當需要及時搶分時，執桿球與被閃擊球、他球三者角度適宜時，便可以利用被閃擊的球，將他球閃頂過門得分。例如，①、②、⑥號三個球都處在三門前，輪及 6 號執桿，比賽時間即將結束，雙方比分持平。⑥號撞擊②號球後，閃送過三門未中，②號球卡在門柱旁，6 號再續擊①號球，用①號球將②號球閃頂過三門，①號球分溜到門的另一側，然後⑥號自球又過三門，最後白方竟以超過紅方 2 分的比分獲勝。

（3）移動球位，謀求打雙桿：

當執桿球的附近，另有三個球時，執桿球謀求打雙桿，其角度不夠適宜時，執桿球就可以先由撞擊其中的某個球調位，形成打雙桿的角度，如果沒有形成理想的打雙桿角度，這時，便可以由閃頂技術，再一次謀求形成打雙桿的角度。即用被閃擊的球，去閃頂另一個他球，使之移動位置，形成雙桿角度。與此同理，當附近就有己方下一位的先手球時，執桿球還可以由閃送他球調位，再為己方下一位的先手球，形成雙桿角度。例如，輪及 1 號執桿，見圖 20，①號球的附近另有③、⑤、⑥號三個球，①號球為了打成雙桿，便先撞擊③號球，力求調位形成雙桿角度，但撞擊③號球後，①號球落位不理想，與⑤、⑥號兩個球幾乎形成等腰三角形。因此，1 號擊球員便借著閃擊

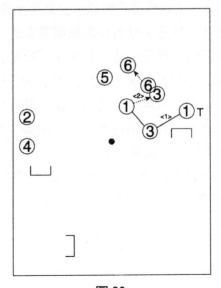

圖 20

③號球的機會，用③號球閃頂⑥號球，讓⑥號球向左方移位，靠向⑤號球，成功後，①號球便可以擁有的續擊權撞擊⑤、⑥號兩個球，打成雙桿。這時，進而又可以就近閃送⑤、⑥號兩個球，形成並列的眼鏡球，為己方下一位的先手球──③號球打雙桿，創造條件。然後，①號球運用雙桿到三門前，吃掉①②、④號球。

160. 可否利用對方球？怎樣利用？有哪些用法？

可以。由於門球是以球號為順序，10個球為一個循環周，按號輪擊，執桿球停桿後，鄰近的下號球即成為最大的球（必然是屬於對方球），只要排除對方的這個最大的球，執桿球一方就有了安全保證。己方便可以對對方的另外四個球，加以控制，實行「敵為我用」，利用它們充當炮彈，充當靶球，充當擦邊角度球，充當接應搭橋球。

利用對方球是具有十分重要的戰略意義的。隨著門球技戰術水準的發展、提升，這一技戰術必將被各地廣泛採用。因為，有己方的五個球，再加上對方的四個球，一共是九個球，在臨場指揮員的指揮下，統一調配使用，其優勢當然是相當大了，效果要比單一的只要撞上對方球就得立即閃擊到界外的打法強得多了。

但是，利用對方球也是需要有條件的。擊球員必須具備撞擊準確、送球到位、閃帶成功等過硬的基本功，否則，容易失誤，弄巧成拙，得不償失。因此說，利用對方球，要看擊球員的基本功怎樣，應當量力而行，以保準為原則，警惕偷雞不成，反蝕一把米。利用對方球要與時間戰術相結合。需要多佔用時間時，可以儘量採取利用對方

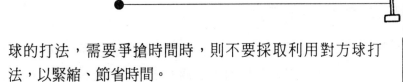

球的打法，需要爭搶時間時，則不要採取利用對方球打法，以緊縮、節省時間。

利用對方球有以下幾種用法：

（1）充當炮彈

當執桿球撞擊到對方的一個遠號球時，為了確保將對方的另一個球閃帶出界，而己方又有一個距離該球較近的下手球時，可以將撞擊到的對方這個遠號球，先閃送給己方的下手球，讓它充當炮彈。當輪及己方下手球執桿時，再由己方下手球，將其閃帶出界。

例如圖 21，10 號執桿，先撞擊⑤號球，若用⑤號球自行閃帶⑦號球，因距離較遠，沒有指定成功的把握，便將

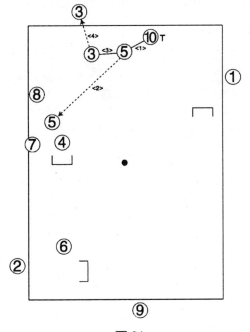

圖 21

⑤號球閃送給④號球,然後續擊③號球,必保成功,因為,③號球是對方在場內的頭號大球,只有吃掉③號球,白方採取利用對方⑤號球的打法,才會安全可行。當輪及④號執桿時,④號便以⑤號球為炮彈,就近將處在邊線上的⑦號球閃帶出界。

再如,圖 22,輪及 10 號執桿,10 號撞擊⑤號球後,在指揮員授意下,竟將⑤號球閃送到三門前,靠近號球,再續擊②號球,閃送到二門前,其目的是讓②號球吃掉③號球後,保住過二門得分,並且續擊二門後的④號球,以便將④號球閃送到已去三門前的⑤號球附近,由④號以⑤號球為炮彈,將⑦號球閃帶出界,10 號閃送號球後,又將自球打到二門後為接應②號球過二門後便於擊中④號球服務。在戰略

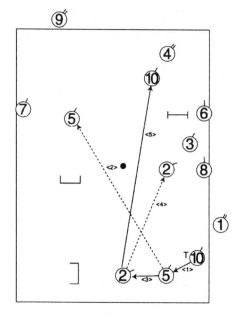

圖 22

戰術上，指揮員採取這種大膽的舉措，當然需要有擊球員撞擊準確、過門成功、閃送到位、閃帶成功作保證才可以。

（2）充當靶球

在戰術運用上，不論是為了形成門上雙桿，還是場地雙桿，常常需要利用己方友球為鄰近的己方先手球配置靶球，構成雙桿角度。同樣道理，對於對方球，只要是屬於遠號球時，也可以像己方球一樣，撞擊後，暫時留在場內使用，用來充當靶球，不必忙於閃出界處。利用對方球充當靶球，必須注意到己方球不至於遭受到對方臨近球的破壞。最為理想的安全條件是對方的上位球處在界外，或者己方有把握，能夠吃掉對方的上位球。

例如圖 23，10 號執桿，撞③號球後，便就近將③號球

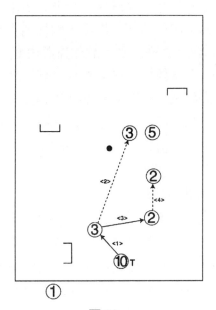

圖 23

與⑤號球並成眼鏡球，10 號又撞擊②號球，閃送到③、⑤球附近，充當箭球，讓②號球打③、⑤號球的雙桿。由於①號球處在界外，②號球就有了安全保證。謀求②號球打雙桿，在距離、角度上，如果有困難時，⑩號球還可以給接應、調位。當②號球打成雙桿後，必須將對方的臨近下手③號球，閃擊出界，視情況處置⑤號球，是留是去，可根據④號球的位置需要與可能而確定之。

（3）充當擦邊角度球

縮短距離是門球比賽實施戰略戰術所要考慮的關鍵問題之一。雙桿球之所以具有強大的威力，就在於由第一桿擊球到位後，可以接近下一桿的目標。如果打好了一個擦邊球，同樣能起到縮短距離的作用。而能否打出精彩的擦邊球，其先決條件是在於擦邊球的角度。這裏所說的充當擦邊角度球，就是由己方的執桿球，利用對方球，給己方的臨近下手球閃送、配置一個理想的擦邊角度。

例如圖 24，3 號執桿，擦邊⑥號球到二門前，將⑥號球閃送、靠向⑤號球，給⑤號充當擦邊角度球，讓⑤號球擦⑥號球邊調位到二門前，過二門撞③號球打雙桿（③號球閃送⑥號球之後，自行過二門，過門後，將己球擺到二門後，為⑤號球充當靶球）。

（4）充當接應搭橋球

接應搭橋的目的作用，也是在於縮短距離。嚴格地說，充當擦邊角度球也是屬於接應搭橋。不過，這個多半是就近處置，便於做出良好的擦邊角度，而接應搭橋則多半是主擊球與目標相距較遠，它要求主擊球發揮撞擊準確的技能，利用對方的接應球，像上橋過河一樣，奔向目的

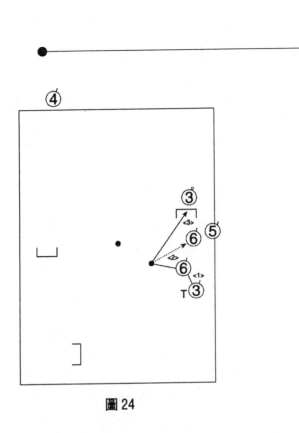

圖 24

地。

　　例如圖 25，1 號執桿，撞擊②號球，閃擊出界，又撞擊⑥號球，為了讓③號球執桿時，能夠吃掉④號球，進而過二門後，再撞擊⑤號球，便將⑥號球閃送給③號球，充當第一個接應搭橋球，然後①號球又打到⑥號球與④號球中間，充當第二個接應搭橋球。這樣，③號球只要一桿一桿的穩打穩撞，實現指揮員的預想目的，就十分把握了。

161. 怎樣做到吃球與得分相結合？

　　既吃球又得分是比賽場上指揮員、擊球員必須隨時牢記的運用各種打法的總原則、出發點和歸宿點。如果能夠

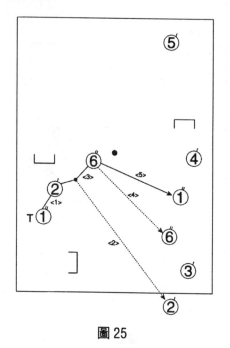

圖 25

做到這一點，也就具有取勝的把握了。要實施既吃球又得分的打法，指揮員、擊球員必須默契配合，看得遠一些，穩住神兒，精心策劃，把握 10 個球的全局在胸，穩妥地安排吃球與得分的先後順序，針對各個球所處的位置及進門得分情況，瞻前顧後，由此及彼，分步運作。可以先得分，然後也能吃掉對方球時，就先得分，後吃球；需要先吃球，然後再過門得分，也不為晚時，就先吃球後得分。得分不忘吃球，吃球不忘得分，兩者兼顧。

下面舉這樣一個實例，見圖 26，輪及 2 號執桿，依據 10 個球所處位置，以及白球進門得分情況，為了達到既吃球又得分的目的，白方指揮員縱觀全局認為：

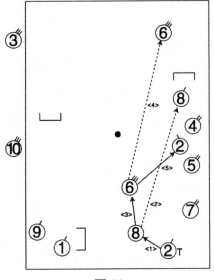

圖 26

　　由於對方③號球處在界外，2號執桿之後，己方④號
球就成為在場內的頭號大球，而④號又具有吃掉⑤、⑦號
球的有利條件，當吃掉⑤、⑦號球後，⑥、⑧號球又成為
兩個頭號大球。至於吃掉①、⑨號球，等待⑧號球借著過
三門之機，接近①、⑨號球，那時再吃掉也不算晚。因
此，在這個輪迴裏，白方便採取了吃球——過門——過
門——吃球的行動步驟。

　　第一步：2號撞擊⑧號球，續擊⑥號球，既不派遣⑧
號球，也沒派遣⑥號球，去吃掉①、⑨號球，認為是吃
①、⑨號球的時機未到，而是將該過二門的⑧號球閃送到
二門前，靠向④號球，將⑥號球閃送到二門後，以便接收
⑧、②、④號球返回三門。②號自球收桿時，靠向④號

球，為④號打⑤、⑦、⑧、②號球服務。③號球從界外就近壓線進場。

第二步，4 號依據⑤、⑦、⑧、②號球所處的位置，逐個撞擊。任務是吃掉⑤、⑦號兩個球，將②、⑧號兩個球閃送過二門，接近二門後的⑥號球。4 號收桿時，接應⑥號球，保⑥號球能夠擊中⑧、②號球。⑤號球進場壓線。

第三步，6 號在二門後撞擊⑧、②、④號球，並閃送到三門前。⑥號收桿時，將自球直接打到三門前，接應⑧號球，保⑧號球過三門，吃掉①、⑨號球。⑦號球進場壓線。

第四步，⑧號撞擊、閃送④號球過三門，撞擊、閃送②號球留在三門前。為的是讓②號過三門時，打雙桿，以便吃掉已經進場壓線的③號球，繼續控制場上的局勢。⑧號球過三門，奔向①、⑨號球，續擊後，將其清出界。⑧號收桿時，靠向三門後的④號球，為②號球形成雙桿服務。⑨號球進場壓線。⑩號球進場也靠向三門後的④、⑧號兩個球。①號球進場壓線。

第五步，2 號執桿，過三門打雙桿。在這一輪迴裏，白方以兩次分別吃掉⑤、⑦兩個球和①、⑨兩個球。先是②、⑧兩個球過了二門，然後②、⑧、④三個球又都過了三門。白方得了 5 分，雙方比分由 9（紅）：10（白）變為 9（紅）：15（白）。這正是運用得分與吃球相結合打法的結果。

162. 在己方遠號下手球具備了安全無患的條件時，該怎樣發揮其作用？

首先介紹一下，怎樣認識和理解有關遠號下手球的問題。由於門球比賽的特點是按球號順序輪流擊球，在場內始終是只能有一個球號執桿。執桿時的球，便是場內的頭號大球，成為王牌。但當一收桿之後，便立即降到最後，成為本輪次的最遠的小號下手球。所以，大號、小號、上手、下手、近號、遠號是在不斷地變化，並不是固定的，都是相比較而言。

例如，當 10 號執桿時，⑩號球便是場內的王牌球，屬於第一位，是場內最大的球。①號球便是第二位球，屬於最鄰近的上手球。②號球便為第三位球⋯⋯依此順序往下排列，直到⑨號球則為第十位的最小最遠的下手球。當⑩號球執桿結束，則下降為第十位，成為最小最遠的下手球，而其他各球則都往前遞進一位，逐漸地由遠變近，由小變大，由下手變為上手。

根據這一實際情況，己方遠號下手球，又出現了不受對方近號上手球威脅、破壞的情況，這是難得的良機、己方必須趁此機遇，調整、集結己方友球球位，充分發揮己方遠號下手球接納、集攏己方友球的作用，由遠號下手球將前來靠近的友球閃送過門或奪標等。

己方遠號下手球能夠出現不受對方上手球的破壞、威脅的時候，是不多見的，除非是對方上手球處在界外，或沒有形成雙桿球的條件，沒有打擦邊球的角度，以及遠射距離較遠，又沒有接應球等。

　　審視己方遠號球出現無患的情況，大致來說有兩種：一種是本輪次全場性的絕對安全無患，另一種是本輪次區域性的暫短安全無患。

　　請看圖 27，輪及 2 號執桿。②號球即為本輪次在場內的第一位頭號大球，依此順序往下排列，直到①號球則為第十位的最遠、最小的下手球。②號撞擊⑥號球，用己方的⑥號球將對方⑦號球閃帶出界，再續擊④號球，閃送到⑤號球附近，然後②號自球，打到四角收桿隱蔽。②號之所以這樣處理⑥、⑦、④號三個球和自球，是因為臨近的對方③號大球正處在一邊線、一門的附近，對三門前的⑩號球構不成威脅，有一、三門擋著，難以擊中；但對二門

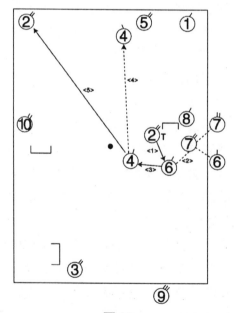

圖 27

前區域，則有一定的威脅。為了使二門前成為安全無患區域，以⑥號球閃帶⑦號球，雙雙出界，派遣④號球看守⑤號球，這樣在二門零號位僅有⑧號一個球，減少了③號球的擊著面，二門前區域成為暫短性的安全無患區域。只要⑧號球安全存在，⑥號球雖然出界了，但等於沒有出界。輪及6號執桿時，照樣進場，可以接應⑧號球，不耽誤過二門。④號去看守⑤號球，吃掉⑤號球（還可用⑤閃帶①），同樣，也是可以打回到二門前，靠向⑧號球。當3號執桿結束，⑤號球又被吃掉，二門前區域，便由區域性暫短安全無患，變為全場性絕對安全無患。⑧號球作為己方的一個遠號球，便可以起到收攏、接納己方友球的作用。8號執桿時，可以將④、⑥號球閃送過二門。如果處在三角的①號球，沒有被⑤號球閃帶出界時，⑧號自球過二門，則要有意識地奔向①號球，吃掉①號球後，再靠向三門前的⑩號球。

163.主擊球進行階梯式的兩次擦邊，其成功的關鍵在哪裏？

在比賽中，經常出現主擊球進行階梯式的兩次擦邊，以提高主擊球最後落位的成功率。構成兩次擦邊的這種打法，有時是自然形成的，有時是人為製造的，給主擊球配置兩個接應球，逐步縮短主擊球與最後落位點的距離。這種打法的成功關鍵在於擦邊第一個接應球的力度、角度要適宜，落位要好，一定不超過第二個接應球。主擊球第一次擦邊後的落位點與第二個接應球，在距離與角度上，恰好與主擊球最後所要到達的位置適宜。

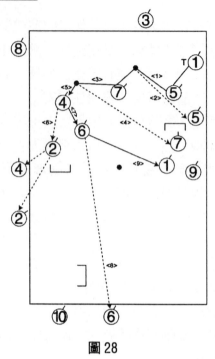

圖28

下面例舉一個實例，說明主擊球是怎樣由兩次擦邊，獲得成功，達到化險為夷，控制場上局勢的目的的，見圖28。

比賽時間剛過10分鐘，從全場各個球所處的位置和得分情況看，都是該過二門的球，雙方爭鬥的焦點在於搶佔二門。輪及1號執桿，而⑤號球處在界外，②、④、⑥號球在三門前拉手結組，①號球如果不把②、④、⑥號球破壞了，當2號執桿時，撞擊④、⑥號球後，全場的局勢必定被白方所控制，紅方則將轉變為極大的被動。在這關係勝負的嚴重時刻，紅方抓住戰機，由1號進行階梯式兩次擦邊，把攻擊矛頭指向②、④、⑥號三個球。第一次擦邊

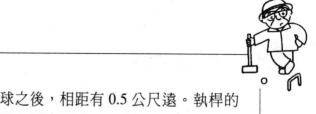

⑤號球，落位在⑦號球之後，相距有 0.5 公尺遠。執桿的①號球，第二個接應的⑦號球與謀求最後落位目標三者呈現 65°角。①號將⑤號球閃送到二門零號位，靠近邊線之後，繼而續擊、擦邊⑦號球，到達④號球的右側。經由續擊④號球後，閃帶②號球，④、②號兩個球，雙雙出界，再續擊⑥號球，閃擊出界，白方球全部被清出場。1 號收桿時，將自球打到二門前，靠近⑨號球，為紅方取得勝利奠定了基礎。

164. 留下對方的遠號下手球有何弊端？

對對方球，不論是遠號下手球還是近號上手球，凡是能夠吃掉的就一定要吃掉，不留後患，當然可以早吃掉，也可以晚吃掉，這要根據雙方的球勢而定。這是實施戰略戰術的一條重要原則，對方的遠號球，在己方沒有近號球威脅、看管的情況下，一旦放過了，容易讓對方很快地就恢復元氣。因為不論是己方遠號球，還是對方遠號球，都具有收攏、接納己方上位球的作用。

例如圖 29，輪及 2 號執桿，此時，對方的⑨、①號兩個球，分別排列為第八，第十位球，屬於對方遠號球。縱觀雙方球勢，②號只有吃掉⑨、①兩個球才有贏得勝利的希望。因為己方的④、⑥、⑧、⑩號球都處在界外，對⑨、①號球，沒有任何威脅、看管的作用。⑨、①號兩個球又隔門結組，因此說，②號球過三門後，如果落位較好，能夠打成雙桿，或擦邊③、⑤號某個球，奔向二門，吃掉⑨、①號兩個球，則為上策。在這緊急關頭，2 號以③、⑤、⑦號球閃帶⑨、①號球也是可以的，如果擊球員

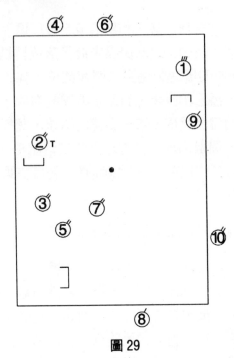

圖 29

閃帶基本功過硬，將⑨、①號球閃帶出界，則後患即為化解了。否則，白方球則不敢進入場內，只有壓線，等待下一輪看球勢如何，再作籌措了。至於紅方③、⑤、⑦號球，雖然被②號球清出界，但有⑨號球球過二門後，撞擊①號球，兩個球都打到三門前，其他球照樣可以打入場內，靠向⑨號球，等於沒有出界。這就是留下對方遠號球的弊端。

165.同一場球，如果運用另一種打法，完全可以得出另一種結果嗎？

可以。門球比賽運用哪種打法，並沒有固定的模式，

貴在靈活機動，隨機應變。需要因人、因時、因地、因勢制宜。既要大膽果斷，又要細膩推敲。在關鍵的時候，因一球運用不當，或因一球打得奇巧，都可以得出另一種完全不同的結果。

現列舉一場冠亞軍爭奪賽，說明白方本來可以轉敗為勝，但因用錯了打法，反而招致失敗。雙方球勢如圖 30，雙方比分是 15（①、③、⑤、⑦、⑨）：10（②、④、⑥、⑧、⑩），距比賽結束時間還有 8 分鐘，該由 10 號執桿。指揮員指揮 10 號撞擊①號球，並以①號球閃帶⑦號球，未中，①號球出界，續擊②號球，閃送到二角看守③號球，⑩號自行過三門靠向④號球。①號球進場，接應⑤號球打⑦號球。②號吃掉③號球，就近閃擊出界。②號球

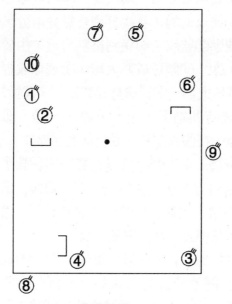

圖 30

也靠向④號球。③號球進場壓線。④號撞擊⑩號球閃送到三門零號位靠近邊線，續擊擦邊②號球，將自球落位到三門後，閃送②號球到⑥號球附近，與⑥號球結組。④號自球遠距離，續擊⑤號球，未中，自球出界。⑤號球撞擊①號球，閃送到⑩號球附近，又續擊⑦號球，閃送到三門附近，看管⑩號球，⑤號自球收桿時，也靠向處在三門附近的⑦號球。

白方為了奪取三門，⑥號從二門後擦邊②號球奔向三門前的⑦號球，因用力過大自球出界。⑦號吃掉⑩號球後，撞擊①號球，閃送到②號球附近，撞擊⑤號球，閃送到終點柱附近，自球也靠向①號球。至此，比賽時間還有3分鐘，白方完全失去了得分的條件，僅有一個②號球在界內，又被①號球看守著，輪及⑧、⑩兩個球進場也是無濟於事了。⑨號球進場，直接打到終點柱附近。①號吃掉②號球後，續擊⑦號球，閃送到終點附近，由於②、④號球處在界外，③、⑤號球成為大球，①號球收桿時也打向終點柱，②號球進場，③號球打向終點柱，④號球進場，5號執桿，比賽時間結束，由5號將③、⑦、⑨、①球奪標，自球奪標，打個滿堂紅。⑥號球處在界外。

比賽結束後，白方總結這場比賽的經驗教訓時，認識到：這是一場白方本應取勝的球。但由於⑩、②、④三個結組球安排不當，放鬆了對⑤、⑦球的看管，讓⑤、⑦號兩個拉手結組球得逞，從而導致失敗。

當比賽進行到還有8分鐘、輪及10號執桿時，白方指揮員就應該冷靜地分析雙方球勢，看到有利於己方的條件，抓住扭轉戰局的時機，⑩號吃掉①號球之後，再撞擊

②號球，②號球即成為王牌球，而紅方僅有③、⑤、⑦號三個球在場內，處在二角邊線的③號球與⑤、⑦號兩個拉手結組球相比較，對白方威脅較大的主要矛盾還是在於⑤、⑦號兩個球，這是謀求取勝的攻擊重點，必須設法吃掉這兩個球。再者，從雙方比分看，紅方五個球已全過三門，只要密切控制好對方球，不給他們以撞柱得分的機會，而己方在8分鐘內，只要有兩個球過三門，兩個球撞柱，就可以超過對方1個比分，從而獲勝。這是克敵制勝的關鍵。

具有了這種構想之後，就應該按照這個思路，指揮、調配己方球，充分發揮⑩、②、④號三個結組球的作用。應用高效戰術，乘應該過三門之機，配置雙桿球，既能搶分，又能用兩桿吃掉對方球。與此同時，白方嚴格控制時間，不給對方入場後的球留有在下一輪擊球撞柱的機會，爭取用最後的8分鐘時間，僅僅打一個輪次，採用時間戰術，適當增加執桿擊球次數，實行細瞄8秒擊球，長線閃送對方球。

在具體打法上，最為理想的是：⑩號球撞擊②號球後，將②號球留在三門前，自球續擊過三門，直接奔向④號球，續擊④號球，將④號球閃送到三門後，⑩號自球也再回到三門後，④、⑩號兩個球，都給②號球充當靶球。②號打成雙桿後，將④號球閃送到三門前，將⑩號球閃放到三門後，給④號球充當靶球，②號用兩桿去吃掉③號球，②號收桿時直接去終點柱。③號球進場，輪及4號執桿時，打過三門雙桿，將⑩號靶球閃送給①號球，看守。④號用兩桿吃掉⑤、⑦號兩個球後，也到終點柱（這時，

要視比賽時間還有多少，預計輪到②號執桿時間是寬裕還是緊迫，量時定桿，如果時間寬裕，④號閃送⑩號球以及④號自球都可以先到⑥號球處，由⑥號球撞擊後再閃送分配，以此佔用時間。）⑤號球進場，輪及⑥號執桿時，誰勝誰負的眉目就能看清楚了，紅方的⑦、⑨號球都處在界外，⑩、②、④號三個球都過了三門，又是場內的大球，具備了奪標的條件，即或僅有一個球奪標，比分雖然相同，也為獲勝，勝在有個奪標球。由白方奪冠已成定局。

166. 爲什麼必須體現以破壞對方爲主的戰術原則？

門球每一場比賽過程都是雙方球互為拼殺的過程。己方只有破壞了對方的戰術佈置，吃掉了對方球，對方才會陷入被動，難以進門得分，才會失去對己方的威脅，從而使己方具有進門得分取勝的寬鬆條件。因此說，在比賽中必須體現以破壞對方為主的戰術原則，切忌不可因小利，急於得分而失掉大局，把寬鬆條件留給對方，讓對方形成主動攻勢。

當然，在比賽勝負即將見分曉，只要己方得分即為獲勝的情況下，放棄吃殺對方球，對方也不能翻轉失敗的局勢時，還是要搶分保勝的。如果這時仍然堅持破壞對方，就沒有必要了。因為破壞對方球，也是為了獲取最後勝利。

下面列舉一個實例，加以具體說明。雙方球勢，請看圖 31。輪及 2 號執桿，③號球處在界外，比賽剛進入第三輪。②號球在三門一號位的界外，借著靠近④號球的有利條件，將自球打入界內，給④號球作個便於擦向二門對方

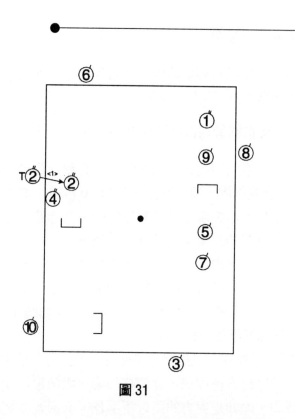

圖 31

球群的角度。其用意是，暫時放棄②、④號兩個球過三門的機會，竭盡全力讓④號球擦向二門附近，爭取吃掉對方的⑦、⑤、⑨、①號四個球。從球勢看，由於⑥、⑧、⑩號三個球都處在界外，而⑦、⑤、⑨、①號球又都拉手聯結，⑤、⑦、⑨號球還可以打成過二門雙桿，紅方既能連續得分，又能控制全場局勢，這正是關係到誰勝誰負的時刻。因此說，白方這一舉措是完全正確的。抓住了戰機，體現了以破壞對方為主的戰術原則。

　　設想，如果④號這一舉措成功，全場局勢就將完全被白方所控制，到那時，⑥、⑧、⑩、②、④號球可以過二門、過三門了，比分必將超過對方，球勢壓住對方。可以

說，由於④號球在關鍵時刻，大殺對方球，便可以為己方取得最後勝利打下良好的基礎。

167. 後拖時間可以採取哪些手段？

門球比賽的時間性要求很強，規定擊球員執桿時，必須在 10 秒鐘以內，將球擊出，超過 10 秒時，即為逾時犯規。這就極大地控制了執桿擊球時間。當比賽根據雙方比分和比賽時間的需要，應該採用時間戰術，準備後拖時間時，必須充分考慮這一規定，在「競賽規則」允許的情況下進行，做到合情合理。只能讓他人有感覺，但提不出意見來，同時，在體育道德方面，也使之無可非議才行。

可以採取下列一些手段：

（1）多擊球。包括對方球在內，由己方上手球將下手球都閃留給己方待桿球，逐個打一遍，增加擊球次數，以佔用時間。除非是對方的臨近下手球，必須及時閃擊出界以外，其餘各球都留下來撞擊。

（2）8 秒擊球。控制瞄準出桿時間，當裁判員通知「8 秒」時再擊球。

（3）閃擊他球出界時，往遠方邊線處閃擊，使其滾動佔用時間。

（4）創造雙桿或多桿，增加擊球次數。

168. 前搶時間可以採取哪些手段？

前搶比賽時間是運用時間戰術的一種方法，主要是在比賽時間已經不多，而又要搶分取勝的情況下，所採取的一種打法。

可以採取下列一些手段：

（1）及時入場。擊球員提前做好準備，當裁判員呼叫後，立即跑步入場。

（2）儘快擊球。迅速握桿、瞄準，抓緊時間擊球。

（3）遠距離撞擊他球時，跑步跟球，成功時迅速拿球，準備、俐落地完成閃擊動作。

（4）輕擊一下球。為了節省時間，不想擊球時，由於取消了可以「放棄」的規定，只好迅速輕擊一下球，使其略有動態，表示完成擊球動作。

（5）不撞擊無關緊要的他球。

（6）不搞不必要的接應，一桿到位。

169. 擊球員閃送王牌球應該怎樣選擇落位點？

比賽中，一旦打出王牌球，總是要考慮如何發揮其高效作用，將其閃送到何處落位。根據主擊球可以連續擦邊的特點，就應該按照打擦邊球的合理走向，決定閃送王牌球的落位點。王牌球（主擊球）只有落位理想，才能為其發揮高效作用創造條件。為此，擊球員必須具有過硬的閃送球到位基本功作保證，必須具有靈敏的悟性和很強的戰術意識，才能心領神會指揮員的戰術意圖，兩者默契配合。擊球員宜按照主擊球打擦邊球、順流而下的線路，選擇上游的一端，作為擊球的起始點，自覺地把王牌球閃送到源頭處落位。下面介紹兩個賽例，做一說明。

其一，見圖32，⑤號撞擊⑦號球（⑥號球處在界外，⑦號球為全場性王牌球），將⑦號球閃送到⑩號球的上頭，選擇以撞擊⑩號球為源頭。⑦號擦邊⑩號球奔向⑧號

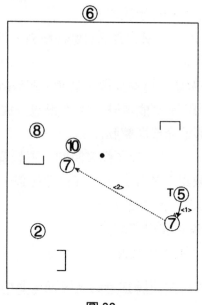

圖 32

球，擦邊⑧號球到三門前、過三門奔向②號球，順流而下。如果將⑦號球直接閃送給⑧號球，⑦號吃掉⑧號球後，再吃⑩號球，又過三門和吃②號球就成為兩股路線了，難以達到連吃三個球又過一個門的高效目的。

其二，見圖 33，主擊球的落位點很不理想。①號執桿撞擊③號球（②號球位於一邊線中間段，③號球屬於區域性王牌球。受②球的威脅）。將③號球閃送到⑥、④號兩個球的中間。③號若先撞擊⑥號球，距離④號球就更遠了，若先撞擊④號球，就有可能放跑了⑥號球。如果採取補償手段，撞擊⑥號球，以⑥號球閃帶④號球，或者撞擊④號球，以④號球閃帶⑥號球，都是自找難點，閃帶成功尚好，如不成功，將④號球或⑥號球坐留在場內，則將帶

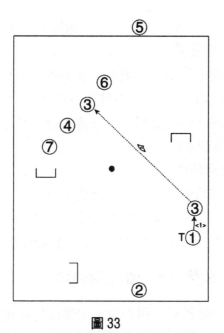

圖 33

來後患。因此說，閃送王牌球還是落位到球群的某一端側為佳。

170. 在什麼情況下，適合打擦上頂球？

擦邊球是主擊球撞擊被撞他球的左側邊或右側邊，使主擊球分流到一個理想位置。擦上頂球不言而喻，是擦被撞他球的上頂端，使主擊球直線奔向前方。

當遇到下列情況時，可以打擦上頂球。

（1）撞柱奪標

當主擊球需要奪標時，而在主擊球的正前面相距15～40公分，有一個他球，與終點柱三者成一條直線，可以由打擦上頂球的辦法，主擊球奔向終點柱，續擊奪標（被擦

上頂球如果是己方也該奪標的球，可以先閃送奪標）。

（2）過門雙桿

在球門線上的正中間處有一個他球，主擊球在其後，距離適宜，可以打擦上頂球過門，獲雙桿。像這樣位置的球，根據實踐經驗，要採取打擦邊或硬頂的辦法，獲過門雙桿，是不易成功的。

（3）奔向球群

在主擊球的正前方，有個他球，恰恰擋住了奔襲較遠處的球群時，而在兩個球的距離等方面又具有擦上頂的可能，可以打擦上頂球，成功後，將是碩果累累。

171. 在什麼情況下，適合打跳頂球？

跳頂球即是跳過上頂的球，主擊球從在正前面攔擋著的他球上頂端，騰空跳躍而過，不撞擦到前面他球。這是因為攔擋在前面的他球是主擊球在這次執桿中，已經撞過的球，如果再撞擊就「重複撞擊犯規」了。但是，主擊球還要奔向前方，所以只好打跳頂球，使主擊球跳躍騰空而過。

與打擦上頂球一樣，在需要撞柱奪標、過門、奔向前方球群的情況下，都可以打這種跳頂球。它與擦上頂球所不同的是，一個是擦到他球的上頂端而過，一個是跳躍超過他球的上頂端騰空而過，直接撞柱、過門或直接跨過前面的他球而撞上另一前面的他球。

172. 比賽中，有哪些表現是屬於操之過急，應該引以爲戒？

打門球必須要在穩中求快，有許多賽事表明：急躁是

失敗的重要原因。不在極為緊要的特殊關頭（例如，比賽時間僅剩最後這一桿，成功則贏，不成功則輸），不能一搏了之。即或是「僅此一搏」，也必須穩住神兒，以求成功。

下面列舉幾個應該引以為戒的操之過急的賽例。

其一，不躲開危險球。

見圖 34，輪及 2 號執桿，從②、③、④、⑤、⑥這五個球所處的位置看，③號球是二門前這一區域的危險球。②號撞擊④號球後，如果閃送到二門前，靠向⑥號球，以求④、⑥號球雙雙過二門，但這正是中了③號的心懷。擴大了③號球的擊著面，⑥、④號球是相當危險的，一旦被③號擊中後，結果白方將是「欲速則不達」。

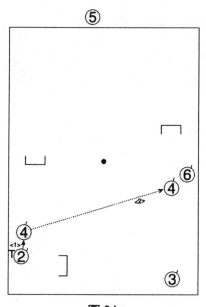

圖 34

其二，閃送成堆聚集球，擴大被擊目標。

見圖 35，這一賽例，比前一個賽例更為嚴重，在三門前形成了，以⑥號球為中心的聚集球，圖僥倖，撞大運，以為⑤號遠距離撞擊，不一定能擊中，就大膽冒險，幻想⑥、⑧號球打過三門的雙桿。這是賽場上的大忌。

其三，搶打難度大的不為緊要的球，結果適得其反。

比賽中遇到難度大的球，是常有的事，那麼是否要攻破這個難點，要看情況是否緊急，權衡利弊、得失大小，依據需要而定。切忌打無關緊要的冒險球，不計後果，不顧集體。必要時可以暫緩一桿，繼續調整球位，醞釀時機。再求得手。

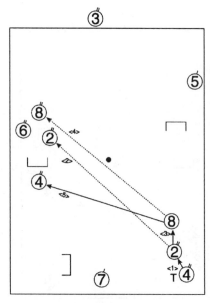

圖 35

見圖 36，2 號執桿過三門後，見③號球在二門前，要過二門，二門 1 號位又有⑨號球，便遠距離撞擊，結果未中，卡到二門柱上。這樣一來，就讓③號球打個過二門雙桿。從當時雙方球勢看，滿可以讓過③號一桿，雖然說③號球過二門可以得 1 分，但收桿後，便無處可逃，同時，③號球過二門後，對己方又沒有威脅，屬於無關緊要的球。③號打成雙桿後，用兩桿吃掉了④、⑧號球，大大地緩解了紅方的緊張形勢。

從 2 號執桿時雙方的球勢看，⑤、⑦號兩個球處在界外，②號過三門後，靠近⑥號球，④號撞擊⑧號球後，閃送到二門前，可以吃掉⑨號球，⑦號球從界外打入界內，

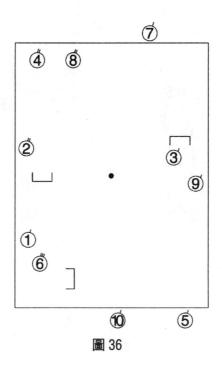

圖 36

又不敢靠向⑨號球。二門將由⑧號球佔據。⑥號吃掉①號
球，再閃送②號球看管③號球，也可以先暫時閃送給⑧號
球，由⑧號球視情況，再分配。這樣，白方必然繼續控制
全場形勢，勝利在望。

其四，不急於吃球，可以打成雙桿，再吃球。

雙桿球在比賽中是最有實用價值的，殺傷力也最強。
因此說，凡是具有打雙桿條件時，都可以不急於吃球，先
打雙桿，用兩桿再吃球，也不為晚。

見圖 37，這是一例能夠避開操之過急的正面成功賽
例。雙方比分為 10：11，除了⑩號球已過三門之外，其餘
九個球都該過三門。比賽還有 10 分鐘，看來誰佔據了三

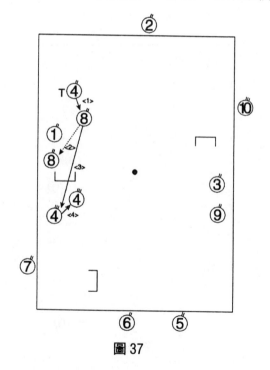

圖 37

門，誰就將取得勝利。爭奪三門成為爭戰的焦點。場上的球勢是紅方有三個球（⑨、③、①）在界內，白方有兩個球（④、⑧）在界內。輪及 4 號執桿，④號撞擊⑧號球後，沒有閃送到⑨、③號球處，而是將⑧號球閃送到三門零號位，然後④號直衝過三門，再將自球擺到三門後，給⑧號充當靶球。輪及 8 號執桿時，從①號球後側，撞擊①號球調位到三門前，吃掉①號球，過三門打成雙桿，將④號球閃送到三門零號位，看守三門。⑧號用兩桿吃掉⑨、③號兩個球，然後⑧號球將自球打向三門，靠向④號球。白方通過⑧號球，既佔領了三門要隘之處，又吃掉了紅方在場內的三個球。白方佔據了優勢。這是根據球勢，穩紮穩打，分清主次、先後、輕重、緩急的結果。如果④打⑧即送去吃⑨、③兩個球，而①號球據守在三門，④號球難以吃掉它。⑧號吃過⑨、③之後，也不敢返回三門，反之，⑨號球卻可以從界外打回，靠向①號球，三門仍為紅方把守，①、⑨號球都可以過三門。因此說，那種急於吃球的打法，不如先打雙桿，後吃球效果好。

173. 對於閃帶對方球，有哪些情況值得注意？

閃帶對方球在比賽中是很有實用價值的，是吃掉對方球，擴大戰果，卓有成效的一種戰術手段。比賽中，有時出現一球扭轉乾坤的局面，就是在關鍵時刻，把對方的某一個本來能夠決定獲勝的球，閃帶出界，從而使對方轉勝為敗。但是，如果處理不當，閃帶不妥當，有時也會造成後患，適得其反。因此，必須認真對待閃帶對方球，絕對不能不分情況，逢球就帶。

對於對方球是否需要閃帶，怎樣閃帶，有四個因素值得考慮，起著決策性作用：一要看擊球員的閃帶能力，是否能夠閃帶成功；二要看必須性，是否必須閃帶；三要看閃帶球與被閃帶球之間的上下位關係，在非緊急的情況下，而又沒有把握時，不能以上位球閃帶下位球；四要避開重要區線，儘量不將對方球從三門前至四角、二門前至二角一帶重要區線閃帶出線。

以上四點為決策閃帶對方球時，值得考慮的因由依據。在比賽中，指揮閃帶對方球時，有下列一些情況，值得注意。

（1）避免坐留

用對方的一個他球，閃帶對方另一個處在場內的他球時，由於球與球撞擊得很正，衝擊力互為抵消，使閃帶球坐留在場內，而坐留下來的這個球，又是先手球，這時，對己方就不利了，留下了禍害。因此說，不能用上手球閃帶下手球。一旦出現坐留現象時，唯一的補救辦法就是自球再撞擊另一個他球，用另一個他球再把坐留在場內的球閃帶出界。

為了防止將閃帶球坐留在場內，視距離的可能，瞄準閃帶時，可以有意識地讓閃帶球與被閃帶球撞擊點稍稍偏出一點點，這樣閃帶就會雙雙出界了。

（2）用己方友球閃帶或閃頂對方球

當遇到對方有一個他球直接威脅己方球，必須剷除時，可以採取緊急手段，用己方友球進行閃帶或閃頂對方球，達到滅敵保己的目的。例如，己方③、⑤、⑦三個球都在三門前，而對方④號球處在三門前一號位壓線，3

號執桿，撞擊⑤號球後，就可以用⑤號球將④號球閃帶或閃頂出界。即或⑤號球與④號球同歸於盡，由於⑦號球在附近，輪及 5 號執桿時，⑤號球即可以直接打回界內，靠向⑦號球，等於沒有出界。在這種情況下，假如用③號球與④號球同歸於盡，③號球則是真正地出界了，與④號球比較，少擊一輪球，不夠合算。

閃頂也是處置對方球的一種有效手段。當對方有球處在邊線附近，在角度、距離又都比較適宜的情況下，即可運用之。這種球成功的關鍵在於找好力度與角度，才能保證將對方球撞頂出界，而又讓友球停留在界內。

（3）不用上位球閃帶

對對方球，特別是處在邊線上的對方球，不是在緊急情況下，沒有閃帶成功的把握時，不宜用被閃帶球的上手球閃帶。如果閃帶不成功，由於上手球先進場，等於沒有出界，打進場內可以給擬閃帶球充當接應球，或為其配置雙桿球，給對方得逞創造條件。例如，⑨號球在二門前，用⑩號、②號球，連續閃帶處在三門前的④號球（該過三門）。閃帶沒中，結果由⑩、②號球給④號球配置個三門後雙球，該過三門的⑩、②號球又都來到了三門（9 號執桿時，①、③號球都處在界外）。

（4）儘量不從重要區段將對方球閃帶出線

對重要區段（例如二、三門的一號位前後）的球，是否需要閃帶，要依據球勢，周密考慮，慎重從事。因為從重要區段閃帶出界的球，輪及執桿進場時，便於就近壓線，能夠起到佔領要隘的作用。有時球出界的地方，正是這個球打回後想到的方位。

而有時從整體需要出發，這個區段的對方球又不能不閃帶時，閃帶成功後的補救方法便是，在這裏壓上己方的後手球，鎮守、看管這一區段，或者有謀略地培育王牌球、擦邊球，再次佔領這個區段。

（5）不需要閃帶的，則不必閃帶

為了避免閃帶不成功，釀成後遺症，對己方沒有威脅的對方球，不是得分的對方球，不是處在重要方位的對方球，都可以不予閃帶。

（6）堅決閃帶

對關係勝負的對方球，必須不惜一切代價竭盡全力堅決閃帶。對閃帶不中，一旦出現的弊病，要進而設法排除。

174. 怎樣選擇閃送對方球出界的方向？

有人認為閃送對方球出界，從哪裏出界都一樣，所以總是不加考慮，願意圖省勁兒，就近閃出，哪怕是在二、三門前，一號位左右，也是如此。其實，這是忽視了對方球再次進場時，會給己方帶來什麼後果。有的一場球的失敗，就是由於對對方球閃出方向不當而導致的。

選擇閃擊對方球出界方向，基本上應該是：

（1）不從二邊線、四邊線閃出，因為這裏直接關係二、三門的重要方位，特別是二、三門前一號位左右的重要區段。

（2）可以按對方球該進哪個門的背逆方向閃出。即該進二門的球從三邊線中間段閃出（注意：不從三角一帶閃出），該進三門的球從一邊線中間段閃出（注意：不從一

角一帶閃出）。

（3）把號數相鄰的球，交錯開來，不往同一方向閃出，避免就近接應、集結。例如，對方①號球正在四角壓線，除 10 號之外，2、4、6、8 號執桿時，都不能將⑨號球從①號球處閃送出界，以避免⑨號球給①號球接應，配製擦邊球。再如，對方③號球已經處在三邊線中間段的界外，便不應該將①號球或⑤號球從三邊線中間段③號球附近閃送出界。因這樣容易在①、③號球或③、⑤號球進場壓線這一輪之後的再一輪，形成①打③或③打⑤的區域性王牌球。

（4）從能夠連續吃球的線段閃出。由於邊角戰術的出現與發展，在競技型正式比賽時，有裁判員執裁，受推球犯規的限制，以及不可以球從這裏被閃出線而拿到另一個地方去壓線的規定。所以，現在，在賽場上，常出現閃擊對方球出線，選定能夠連續吃球的線段。即將破撞擊的對方先手球有意識地從己方處於邊線附近的後手球一旁閃送出線，以便對方先手球就近壓線時，由己方正處在附近的後手球起桿，再次將其吃掉。

（註：採用這種打法，需要具備兩個條件，才能奏效，否則達不到目的。

① 對方在場內已沒有其他球，既或有，也是在己方球的看管、吃掉之列，對方球進場也不敢靠近、接應。

② 在選定的線段附近的己方球一旁，必須有己方的遠號球靠近，以備將其派遣出去，跟蹤追擊，由線外打入場內的對方球，再一次給予撞擊，閃擊出線）。

175. 當比賽臨近最後 5 分鐘時，指揮員應該如何對待戰局？

當比賽臨近最後 5 分鐘時，可以說全場比賽已進入到白熱化的結局階段。誰勝誰負就要在這最後 5 分鐘決定了。此時此刻的臨場指揮員必須充分利用每 1 秒鐘巧施妙計。最為實用的則是時間戰術、高效戰術。越是在緊張激烈的時候，才越需要指揮員保持冷靜，從容操持戰局。應該說，在此時雙方爭鬥的焦點，必然焦中到比分的高低上來。雙方比分有可能是差距較大，一高一低，也可能是兩者較為接近。雙方指揮員都將有各自的打算，但總的來說，都是要控制對方不得分，而己方則要保持優勢，擴大戰果，繼續得分。

下面列舉三個實例，說明在結局階段，指揮員如何運用時間戰術、高效戰術對待戰局的。

（1）一桿到位、不吃無用球，節省時間搶得分。

見圖 38，雙方比分為 12（①、③、⑤、⑦、⑨）：9（②、④、⑥、⑧、⑩），此時比賽時間還有 5 分鐘，正是輪及 4 號執桿。白方指揮員立意：由 2 號幫助友球奪標。為了節省時間，利用⑤、⑦號球都在界外之機，⑨、①號球又在⑧號球控制之內，所以，④號球既沒有打⑩，送⑩過二門，免去失誤，影響⑩號得分時間，又沒有打⑥，或接應⑥吃⑨、①球，而是一桿直接打到三門前，靠近⑧號球。⑤號球進場壓線。⑥號球也是如此，直接打到三門前，靠向⑧號球，為的是由⑧號球閃送過三門，得分。⑥號若打⑨、①號球，一旦失誤，即失去得分機會，

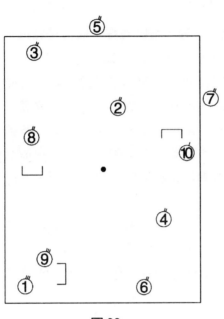

圖 38

況且⑨、①號球已在「甕中」。⑦號球進場壓線。⑧號將④、⑥號球閃送過三門，自球又過三門，吃⑨、帶①，⑨、①雙雙出界，剷除了紅方的兩個可以奪標得分的大球，使對方失去了繼續得分的條件。⑧號將自球打向終點柱。⑩號執桿過二門，擦邊②號球奔向三門，將②號球閃留在終點柱附近。因為③號球已經輪及不到執桿，成為無用的球，所以，沒有用②看管③。⑩號過三門，續擊⑥、④號球，閃送到終點柱②號球附近，自球也打到終點柱附近。①號球進場壓線，輪及 2 號執桿，分別將⑧、④、⑩、⑥閃送奪標。此時比賽時間結束，雙方比分為 22（白）：12（紅）。

（2）放桿不擊，按時算桿，保得分球得分。

大致來說，10 個球打一輪，需要 5～6 分鐘，平均起來，每個擊球員執桿一次為半分鐘左右，計時表的走動是客觀的，不以人的意志為轉移，走 1 秒鐘就是 1 秒鐘，但是，比賽時間卻是可以由人支配的，既能夠前搶時間，也能夠後拖時間。為此，在關鍵的時候，指揮員就需要發揮按時算桿的本領，掌握時間、控制時間、支配時間，做時間的操縱者。

如圖 39，輪及 1 號執桿，比賽時間還有 3 分鐘，雙方比分為 9（①、③、⑤、⑦、⑨）：11（②、④、⑥、⑧、⑩）。紅方為保證在 3 分鐘之內，能夠輪及到 7 號執

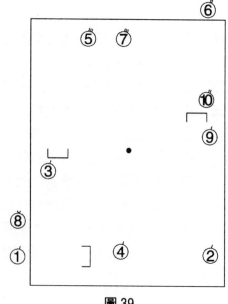

圖 39

桿，便採取了放桿不擊的策略。當主裁呼叫 1 號、3 號時，1、3 號擊球員都是即刻用錘兒輕擊一下自球，以緊縮時間，保 7 號有擊球權。②打④未中，讓⑤、⑦號球便有安全奪標的條件了。④號球直衝二門，又沒中，主裁呼叫 5 號，5 號擊中⑦號球，將⑦號球迅速閃送到終點柱附近，⑤號球也跟過去，這時比賽時間還有 30 秒。⑥號 8 秒起桿，將球打向一角出界，比賽時間還有 15 秒。在這千鈞一髮之際，主裁呼叫 7 號執桿。⑤、⑦號球撞柱奪標（⑧號已奪標），最後，紅方以 13：11 獲勝。應該說，紅方之所以能夠獲勝，關鍵還是在於①、③號快桿輕擊，為⑦號球贏來了擊球的寶貴時間。

（3）8 秒起桿擊球，儘量多擊球，多傳遞球，往遠處長線閃送球，拖延時間，不讓對方再有起桿得分的機會。

比賽時間可以由人支配控制。既然可以前搶時間，當然也可以後拖時間。當比賽到了最後的關鍵時刻，己方的比分已經超過對方，又沒有條件繼續得分時，就要以控制局勢為主，拖住時間，不讓對方得分。對方少得 1 個比分，就等於己方增加 1 個比分。

後拖比賽時間，必須是在不違犯比賽規則的規定、不傷體育道德風尚的前提下，合法合理地進行。8 秒起桿擊球就是利用擊球不超過 10 秒不為逾時犯規的這一規則所允許的條件而實施的，從而控制時間。多擊球，多傳遞球就更能多佔用時間，每當自球與下手球撞擊、傳遞一個球，加起來所需時間，最低也得 30"秒鐘。同樣,"長線閃送球,也是佔用時間的一種手段。請看圖 40，輪及 1 號執桿，此時距離比賽結束時間還有 3 分鐘，雙方比分為 11（①、

門球入門與提升180問

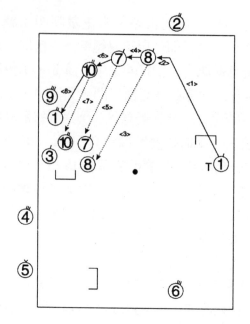

圖 40

③、⑤、⑦、⑨）：11（②、④、⑥、⑧、⑩）。

　　紅方指揮員認為：雙方比分雖然是持平，但己方有奪標球，只要拖住時間，不給⑥號執桿奪標機會（②號、④號球還能接應⑥號球），紅方就有取勝的希望了。因此，拿定主意，發揮①、③號球由閃送傳遞球，8秒起桿擊球、長線閃送的戰術手段，用盡最後3分鐘。主裁呼叫1號，1號8秒擊球過二門，又得1分，分別續擊⑧、⑦、⑩號球，都閃送給③號球，自球也跟過去，擊球用了5桿，閃送球用了3桿。②號進場接應⑥號球，用一桿。輪及3號執桿，比賽時間僅剩50秒鐘，正當撞擊、閃擊⑩、⑦、⑧號球時，比賽時間結束了。④號為界外球，紅方最

後以 12 ： 11 獲勝。

176. 正當紅球執桿時，比賽時間即宣告結束，而白方必然還有一桿球，為什麼對這個下一號的將要執桿白球不能忽視？

按照比賽規則的規定，正當某號紅球執桿時，比賽時間即宣告結束，這個紅球執桿完了，下一號白球還要有一桿球，每場比賽都要以白球執桿結束而告終。

當某一紅球執桿時，比賽時間結束，下一號白球有可能是處於界外，或者已經奪標獲得滿分。如果是這種情況時，這一白球則不必起桿，紅球執桿完了，比賽自然結束。如果這一白球正是場內球，則必然要起桿擊球。而這一白球又會有兩種情況，一種是具有得分的條件，另一種是不具有得分的條件。對不具有得分條件的白球，可以不予理會，任其執桿完了，全場比賽即為結束了。若是前一種情況，具有得分條件時，則必須妥善處理，務必化險為夷。特別是當比分相差無幾，若讓最後這一桿白球得逞，紅方有可能轉勝為敗時，自然要竭盡一切可能，剷除這一後患，以確保己方能夠獲得最後勝利。賽場上也曾有過，由於一時疏忽大意，而讓最後這一桿白球贏了對方，紅方悔之晚矣。

下面列舉一例，可以從中吸取教訓，引以為戒。見圖41，此時雙方比分為 13（①、③、⑤、⑦、⑨）：11（②、④、⑥、⑧、⑩），輪及 3 號執桿，主裁宣佈比賽時間到。面對此種球勢，紅方就應該以確保取勝為前提，利用③與④距離較近的有利條件，由③將④撞頂出界，與

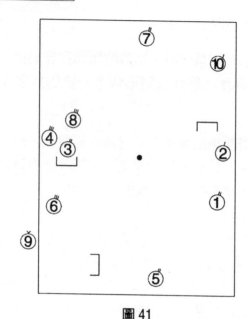

圖 41

之同歸於盡，以超出 2 分而取勝就可以了。但是紅方卻麻痺大意，只想到「可能」，卻沒想到「不可能」。指揮員指令③號過三門（又得 1 分），進而續擊奪標，但未中。④號當然還有一桿球。④號擦邊⑧號球奔向終點柱，結果⑧、④號兩個球都撞柱，連獲 4 個比分，最後紅方竟以 14：15 而敗北。

177. 如何愛護與發揮保護球的作用？

保護球就是當對方出現王牌球時，而己方這個大於對方王牌球的球，即為己方的保護球。它能保護己方的友球，不至於被對方王牌球吃掉。例如，對方的①打③，③成為王牌球，而己方②號球，即是保護球。當②號球在此

時，處在界外時，③號球則成為全場性王牌球，由 1 號可以將③號球閃送到場內的任何一個方位，場內沒有大於它的球，成為王牌（因為大於③的②號球，處在界外，喪失了保護作用）。假如，己方的②號保護球，沒有出界，但它是處在場內的某一方位，對它沒有能力管轄、保護的區域，對方的這個③號王牌球，仍可稱之為區域性王牌球，在這個區域裏，可以稱王稱霸。因此，在比賽中，必須隨時注意對保護球的保護與利用。

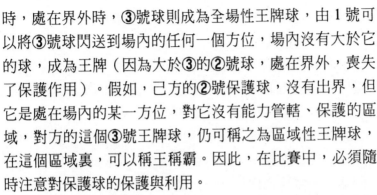

（1）儘量不讓己方有出界球，避免缺空斷檔，防止對方出現王牌球，而己方沒有保護球保護，遭受對方的破壞。

（2）一旦見到對方要出現全場性王牌球時，己方的上策就是將球疏散、隱蔽開來，力爭把損失減少到最低程度。留下後勁兒，以求再起。

（3）見到對方要出現區域性王牌球時，己方的各個球要積極向保護球靠攏，或者將保護球閃送到己方球群，求其保護，讓保護球與己方其他球拉手結組。

比賽中，有時也出現連環式的王牌球與保護球，即雙方的王牌球、保護球，互為連結，套在一起，同一個球，成了既是能夠殺傷對方的王牌球，又是保護己方友球的保護球。例如，⑩、②、④與①、③、⑤，分別拉手結組，若⑩打②，②成為王牌球，①則是紅方的保護球。若①打③，③成為王牌球，②則是白方的保護球。若②打④，④成為王牌球，③則是紅方的保護球。若③打⑤，⑤成為王牌球，④則是白方的保護球。一般說來，遇到這種連環式王牌球與保護球的出現，大多數都是要以保護球保護己方

球，也有是互為交換吃球的。這要依據球勢，以有利於己方為原則，酌情而定。

下面列舉一例，就是在急需的情況下，打破常規，讓保護球離開己方友球，不予保護，充當王牌球，去殺傷對方球，依據取勝的需要，佔據重要方位。

見圖 42，比賽時間還有 10 分鐘，輪及 10 號執桿，便將該過二門的②號球，閃送到四邊線，靠向⑨、⑤、⑦號三個球。⑩號球也跟過去，打到三門一號位。①、③在二角拉手結組，位於三角附近的④、⑥、⑧號三個球，便失去了保護。①打③自然要閃送到三角，看管④、⑥、⑧號球。雙方形成了互換吃球的局面。這種情況的出現，是由於白方根據戰局的需要而引發的：

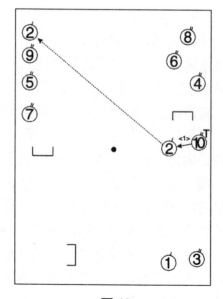

圖 42

第一點，按照比賽時間的需要，白方應該竭盡一切力量搶佔三門，而此時①號球又正是遠離三門前到四角的這一區段，難以發揮對己方友球的保護作用。②號這一區域性王牌球具備了吃掉⑨、⑤、⑦號三個球的條件，從而三門便可以歸白方所有；

第二點，⑩號球執桿結束之後，便立即成為最遠號球，再跟到三門，既或①送③，吃掉④、⑥、⑧號球，也等於沒有吃掉一樣，它們可以照樣從界外打向三門，靠近⑩、②號球，不耽誤過三門；

第三點，⑩號球打②號球若不去吃⑨、⑤、⑦號球，而死看死守保護④、⑥、⑧號球，則紅方的⑨、⑤、⑦號球就將過三門得分了，讓對方走在前面，比分遙遙領先，己方在後面追趕，是很被動的；

第四點，若是不採取此種打法，而是培養②號球過二門打雙桿，或由⑩號球將②號球閃送過二門，與④號球結組，由②打④將④送往四角，當然也是可以，但不夠把握，因為⑩號球之後的下手球便是①號球，當 1 號執桿時，擦③號球向前移位，便於直衝二門時，將③號球閃送四邊線充當保護球，①號球再衝過二門，便可以全殲白方球；

第五點，再進一步從「成功與失誤」的兩種可能性來考慮，如果對方 3 個球陸續過三門時，有的球又打成了雙桿，對方不僅得 3 分，而己方球又將全部被殲，這場球也就輸定了。所以，還是以打把握球為好，抓住戰機不放，敢於突破，由⑩送②，讓己方的保護球充當殺傷對方的王牌球，是最佳的選擇。

在比賽最後 10 分鐘，白方贏得了全場性主動權，說明指揮員的戰術意識、整體觀念都是很強的。門球的戰略戰術的精華，也就在於靈活多變，乘機取勝。

178. 一次執桿擊球，是否存在幾種不同的打法？

在一次執桿擊球時，有時是存在幾種不同的打法，哪種打法也都有道理，指揮員就需要依據比賽的時間需要、擊球員的技術水準而酌定。賽場上，常常因此而出現爭論，這位說應該這麼打，那位說應該那麼打才對，各持己見，影響比賽，使擊球員不知所措。一旦失誤，對方便以此為據，把失誤歸罪於打法不當。其實，哪種打法都可以，只要是打得準，打成功就可以。當然，根據比賽時間和得分的需要，或者根據整體戰略部署的需要和雙方形勢的對比，可以從中選擇最佳的打法，以穩妥為上策，顧及到「可能」與「不可能」的兩重性，以擊球能夠打成功為前提而酌情選定。

例如，從圖 43 中的球勢看，輪及 1 號執桿，打成雙桿後，如何派遣③、⑨號球和如何使用兩桿，就有兩種打法：

第一種，是偏重於先吃掉對方球，佔領要隘，穩定局勢，再求得分。將③號球直接派遣給④號球，將⑨號球派遣給⑩號球，①號自球用兩桿吃掉⑧、⑥號兩個球，然後打回到二門前靠向⑤號球。這種打法，穩妥性比較大。

第二種，是偏重於先得分，然後再吃球、控制局勢。派遣③號球直接到二門前，派遣⑨號球到二門後，與⑦號球並列，給③號球充當靶球。①號自球用兩桿吃掉④號

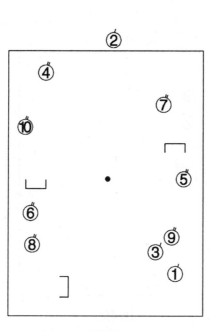

圖 43

球，然後，視③號球的需要，打回到二門前或二門後，力
爭③號球打過二門雙桿。不論能打成雙桿，或打不成雙
桿，此時，⑤號球已成為全場性王牌球，由③號球派遣到
三門前，先吃掉⑩號球，過三門後，再吃掉⑧、⑥號兩個
球，同樣，可以達到第一種打法的目的。

　　從此圖例，可以看出，在一次執桿中，是存在幾種不
同打法的，但並不是所有的每一次執桿都存在幾種不同的
打法，見圖44，就只有一種打法。輪及4號執桿，④號只
有吃掉⑤號球這一種打法。比賽中，類似這樣的只有一種
打法，還是不少的。

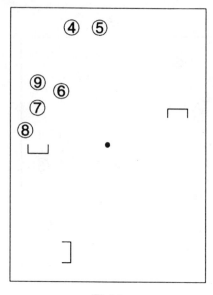

圖 44

179. 採取什麼手段，能夠較長時間地鉗制住對方球？

鉗制對方球是戰略戰術上的一個重要內容，將對方球控制在己方勢力範圍之內，對方必將處於無能為力之中，難以自拔，獲取主動。

鉗制對方球，比較可行的手段是，採取就近定點的辦法，將對方球都從同一個區段閃擊到界外。再者，當對方已經採取分散壓線隱蔽的時候，還可以採取派遣先手球的辦法，分頭追擊，各個吃掉，使其沒有反手之力。

（1）利用對方球，連續吃掉對方球。

比賽中，需要密切注意，抓住戰機，當得手時，將己方友球連結起來，同時，將對方球也儘量歸攏到己方球附

近，以便於利用。讓己方在桿球拿對方的球為炮彈，把就近進場壓線的對方球，再次閃帶到界外。

例如，圖45，①號過三門後，續擊②號球。根據⑤、⑥、⑦、⑨、⑩號球所處位置和比賽時間剛剛進入第三輪，便選定以三角作為閃送對方球的出界點。所以將②號球從⑥號球附近閃擊出，然後①號自球接應⑤號球，保⑤號球過二門後，能夠吃掉⑥號球。

若②號球進場就近壓線，③號撞擊④號球，從閃帶②號球附近出界。③號續擊⑧號球，閃送到⑥號球附近，③號自球也打到⑥號球之前，目的是給⑤號球起接應作用，便於吃掉⑥號球。

若④號球進場就近壓線，5 號執桿，撞擊①號球調

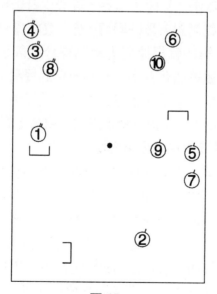

圖45

位，先將①號球接應⑦號球，然後自球過二門，分別撞擊⑥、⑧號球，並以⑥、⑧號球為炮彈，將就近壓線的②、④號球再一次閃帶出界。留下⑩號球未動、目的是為⑦號球服務。⑤號球與③號球都在二門後接應⑦號球，保其過二門後，擊中⑩號球。

若⑥號球就近壓線，7號執桿，撞擊①號球調位，用①號球又接應⑨號球，⑦號球過二門後，撞擊⑩號球，閃帶⑥號球，⑩⑥號球雙雙出界。⑦、③、⑤號球都集結在二門後。若⑧號球在三角處就近壓線，⑨號球撞擊①號球調位，過二門打成雙桿，用兩桿續擊權，將己方①、③、⑤、⑦號球都歸攏到三門前，⑨號自球打到三門後，⑩號球進場落位到二門1號位。紅方球繼續保持拉手連結。到此，比賽該進入第四輪。對方僅有⑧、⑩號球處在界內，②、④、⑥號球兩次被閃帶出界，等於少打一個輪次。紅方於第三輪在鉗制對方球的同時，⑤、⑦、⑨號三個球又過了二門。在第四輪根據對方球已經分散靠近邊線的特點，紅方可以繼續憑藉五個球互為連結的優勢，採取以三門前後為根據地，派遣先手球分頭追擊的辦法，吃掉對方球。在這個前提下，可以乘機過三門，繼續提高比分。

（2）派遣先手球，分頭追擊。

派遣先手球，看守吃掉對方球是比賽中經常運用的戰術手段，是鉗制對方球的一個辦法。但並不是都能成功的，閃送先手球的落位，距離對方球越近，對方球距離邊線越遠，成功性越大。反之，先手球距離對方球越遠，對方球正壓在邊線的最近處，成功性越小。因此，運用此法，要看對方球所處的位置（即吃掉他的難易程度和是否

必須吃掉）。從珍惜、保護己方球出發，酌情選定。

下面介紹一個基本上屬於成功的賽例。如圖46，這時比賽剛剛進入第四輪迴時，紅白雙方的球勢。

由於②、④號球處在界外，先於⑥號球起桿，處在界內的有①、③、⑤、⑦、⑨號五個球，這樣，就給紅方留有集體過門，搶得分，進而再閃送先手球，分頭追擊吃掉白球的機會。1號執桿，將⑤、⑦號球閃送過三門，然後自球接應③號球過三門。若：②號球不敢將球打入場內，便就近壓線。3號執桿，撞擊①號球調位，將①號球先閃送給⑥號球，然後過三門，撞擊、閃送⑤、⑦、⑨號三個球都到⑥號球處，③號自球也跟過去。④號球也是就近壓線。由於⑥號球是在上個輪次，從三角處打入場內，現在

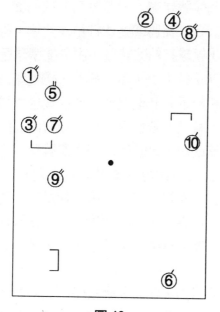

圖46

所處位置，沒有靠近邊線，便於⑤號球撞擊成功，撞擊後仍將⑥號球向②、④號球方向閃帶，出界。進而，撞擊友球⑨、③、⑦、①號球，再將這四個球閃送到⑧號球處，⑤號自球也跟過去。

　　紅方採取這種由友球互為傳遞的打法，在客觀上也發揮鉗制對方球的作用。是應用時間戰術，合理地佔用比賽時間的表現。因為現在己方的比分，已經遠遠超過了對方。這樣做，還有另一個好處：當待桿球輪及執桿時，可以借助擦邊友球，接近對方的下一個鄰號球，又可以視場內球勢的需要，隨時閃送友球到極需的方位。⑥號球見⑦、⑨、③、⑤、①號球正拉手連結，便只好將自球就進壓線，不敢進入場內。輪及⑦號執桿，先處理己方友球，將⑨號球閃送到⑩號球處，因距離已壓線的②、④、⑥號球較近，便於閃送，便將③號球打給④號球，將⑤號球打給⑥號球，將①號球打給②號球。由於⑧號球是在上一輪就近壓線的，球正線上上，難以輕貼，⑦號球為了保護二門前的⑨號球和附近的其他友球，便採取應急措施，與之「同歸於盡」。輪及⑧號執桿，將自球打向三門一號位。⑨號撞擊⑩號球成功，以⑩號球閃帶⑧號球，未中，⑩號球從三門一號位邊線出界。⑨號收桿，將自球打向①號球。⑩號進場就近壓線。到此，第四輪結束，②、④、⑥號球在三角附近的邊線，分別由①、③、⑤號球看守，⑦號球處在界外，⑨號球處在①號球附近，⑧、⑩號球處在三門 1 號位。

　　縱觀現在的球勢，紅方要繼續保持鉗制對方球，取得最後的勝利，當進入第五輪時，必須設法由①號球吃掉②

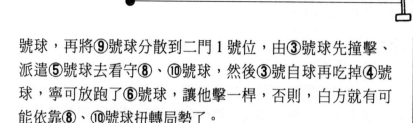

號球，再將⑨號球分散到二門 1 號位，由③號球先撞擊、派遣⑤號球去看守⑧、⑩號球，然後③號自球再吃掉④號球，寧可放跑了⑥號球，讓他擊一桿，否則，白方就有可能依靠⑧、⑩號球扭轉局勢了。

從上述兩種鉗制對方球的做法，可以總結為：

（1）要鉗制對方球，首先己方球必須做到拉手連結，以便能夠視需要隨時派遣己方先手球，看管、吃掉對方球。

（2）可拿對方球當做炮彈，再次閃帶效果頗好。

（3）就近定點閃出對方球，其目的是便於看守，為連續閃帶創造有利條件。

這是對閃帶對方球的常規方向的突破，是特別需要的特殊做法。擊球員的撞擊準確、送球到位、閃帶命中、溜貼成功等基本功要好，要過硬，這是鉗制對方球成功的保證。

180. 怎樣識記界外球？

打比賽避免不了常有球出界，這個球何時出界的？怎樣出的界？是否已該進場壓線？是否該輪擊，有擊球權？這些都應該準確記住，特別是作為對方隊的臨場指揮員更應該做到這一點，以便針對對方的界外球情況，妥善地組織己方球的攻守。

在競技性比賽場上，由於嚴格執行《競賽規則》，界外球的位置，擊球員不能隨意移動。而在娛樂性比賽場上，由於執行《競賽規則》不那麼嚴格，常常是擊球員不自覺，球出界後，隨即將自球壓到線上或者隨意串動界外

球的位置，因而有時就引起爭論，影響團結。

球出界有兩種情況：

一種是被閃擊出界、閃帶出界；另一種是「自殺」出界，其中包括：擊球從場內將自球誤打到界外；因擊球員犯規將球被判罰拿到界外；還有就是界外球，擊球員輪及擊球時，想壓線沒有壓上，球又溜滑到界外。

怎樣記住這兩種界外球？方法還不完全相同。

關於被閃擊、閃帶球出界的，不論是被閃擊直接出界，還是被閃擊又帶出另一個他球同時出界，都是一樣，即在出界的這個輪次裏，輪及執桿時就可以將球壓線或打入場內，只是沒有撞擊他球權。

例如，2 號執桿時，撞擊③號球後，用③號球閃帶①號球，③、①兩個球雙雙出界，就應該記住，③、①號兩個球是由②號球處理出界的。在②號收桿後的這個輪次裏，輪及③、①號球執桿時，可以將球打入場內或壓線。仍然是在這個輪次裏，當輪及⑩號執桿之後，①號不能說⑩號都擊球了，該輪到我擊球了。因為①號球是被②號球閃帶出界的，以②號為起點的這一輪迴，還沒有結束，①號球只有執桿權，沒有擊球權。只有在下一個輪迴，由②號再執桿時，③、①號球就有擊球權了，當⑩號再執桿之後，輪及①號執桿時，自然就可以擊球了。

有時還出現這樣的複雜情況，剛壓線的球，又被閃擊、閃帶出界了，這時就必須改換記憶。例如，②號球將③、①號兩個球閃擊、閃帶出界後，當輪及⑥號執桿時，⑥號又將壓在邊線的③號球吃掉出界。這樣，就需要立即改換記憶，把思維跟上來。記住③號球是被⑥號球吃掉

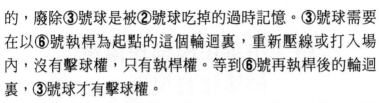

的，廢除③號球是被②號球吃掉的過時記憶。③號球需要在以⑥號執桿為起點的這個輪迴裏，重新壓線或打入場內，沒有擊球權，只有執桿權。等到⑥號再執桿後的輪迴裏，③號球才有擊球權。

「自殺」出界時需要記住出界球的前後球的球號。例如，③號球「自殺」出界，就要記住②、④號球執桿時，③號球「自殺」出的界。等到下一輪迴②號、④號執桿擊球時，③號有執桿權，沒有擊球權，可以壓線，也可以將球打入場內，再等到下一個輪迴時，2號執桿之後，輪及3號執桿，③號才有擊球權。

「自殺」出界與閃擊出界比較，少打一輪球的原因是，「自殺」出界時的當輪，被停打了。要等到下一輪才開始壓線或打入場內，第三個輪迴時，才有擊球權。

門球入門與提升180問

附：中華民國槌球協會
槌球比賽規則

第 1 章　比賽場地及用具

第 1 條　比賽場地

第 1 項　球場（參照圖一）

1. 球場是長方形，以外線區劃，沒有障礙物之平面。

2. 球場面積為 15 公尺以上 20 公尺以內，長 20 公尺以上 25 公尺以內。

3. 離內線外側 1 公尺處之周圍設立外線。

4. 線寬原則上為 5 公分，外線及其他的線，以容易看見之線區劃。線以外緣為準。

5. 線應使用在球場上容易識別之顏色。

6. 內線之各角，從發球區起逆時鐘方向為第 1 角，第 2 角和第 3 角、第 4 角。

7. 第 1 角與第 2 角之間為第 1 線，第 2 角與 3 第角之間為第 2 線，第 3 角與第 4 角之間為第 3 角，第 4 角與第 1 角之間為第 4 線。

8. 發球區在第 4 線上，第 1 角向第 4 角之 1 公尺及 3 公尺之地點及兩點向外側垂直至外線交會。

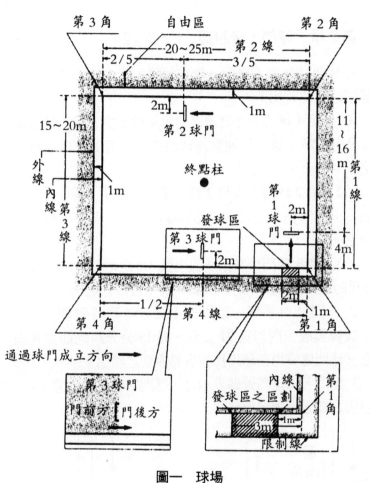

第3角　　　自由區　　　　第2角

20～25m　　第2線

2/5　　　　　3/5

2m　　　　　　1m
第2球門

15～20m

外線

內線

第3線

1m

終點柱

發球區

第3球門

2m

第1球門

2m

4m

2m

1m

11～16m 第1線

1/2　　第4線

第4角　　　　　　　第1角

通過球門成立方向 →

第3球門
門前方　門後方

內線
發球區之區劃　　第1角

3m　1m

限制線

圖一　球場

說明：

●球場之大小，內線寬度，顏色等由主辦單位於比賽注意事項中規定之。

第 2 項　球門（參照圖－1、圖－2）

1. 球門分為第 1 球門，第 2 球門及第 3 球門等三處，各球門設置位置如下：

（1）第 1 球門：從發球區的第 4 線上中心點向第 2 線 4 公尺處與第 1 線平行地點為球門中心，與第 4 線平行設立之。

（2）第 2 球門：從第 2 角向第 3 角的第 2 線上 3/5 之地點，向內直角 2 公尺的地點為球門中心，與第 1 線平行設立之。

（3）第 3 球門：在第 4 線上長 1/2 之地點，向內直角 2 公尺的地點為球門中心，與第 3 線平行設立之。

2. 球門為 ㄇ 字型，以直徑 1 公分（容許範圍 ± 1 公厘）圓棒製成，內側寬 22 公分，高 19 公分與地面垂直固定之。球門應使用在球場比較容易識別之顏色。

3. 球門各以球門號碼表示之。球門號碼以長、寬 10 公分以內之範圍，固定於球門上面。

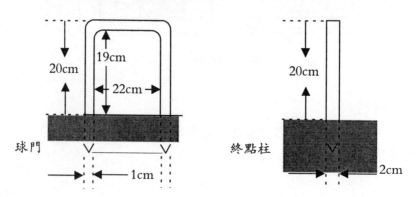

圖－2

說明：

● 第 1 球門設立位置依實際狀況於比賽注意事項中決定，距離未滿 4 公尺亦可。

● 球門號碼之設置及顏色，由大會注意事項決定。

第 3 項　終點柱　參照（圖－1、圖－2）

1. 終點柱設置於球場中心。

2. 終點柱使用直徑 2 公分（容許範圍±1 公厘）之圓棒製成。離地面高 20 公分，與地面垂直固定之。應使用在球場上容易看見之明顯顏色。

說明：

● 球場號碼及附屬物可置於終點柱上方。

第 4 項　自由區

1. 自由區設於外線外側。

2. 自由區是為比賽進行順暢而設置。

3. 比賽中除球員、教練、裁判員及特許人員以外，不得進入自由區內。

第 5 項　待機處

1. 待機處設於自由區內。

2. 待機處為教練及球員設置座席。

說明：

● 自由區之範圍及待機處之設置，由大會注意事項決定。

第6項　附屬設備

1. 球場可設置由兩隊球員及觀眾容易看見之得分板。
2. 設置的位置，應不妨礙比賽，視場地狀況而決定。

說明：

● 得分板的設置由大會注意事項決定之。

第2條　用　具

第1項　球桿（參照圖－3）

　1. 球桿是由槌頭及柄所構成之T字型球具，重量及材質不限制。

　2. 槌頭之長度為18公分以上24公分以下，形體以直筒形為原則。

　3. 槌頭兩端平面之直徑為3.5公分以上5公分以內。

　4. 柄之長度為50公分以上，可使用有角度之柄以連接槌頭之中心。

　5. 球桿應使用經中華民國槌球協會認定之球桿。

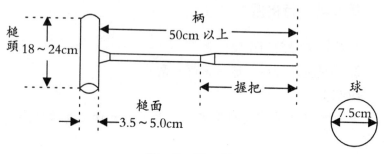

槌頭 18～24cm
柄 50cm以上
槌面 3.5～5.0cm
握把
球 7.5cm

圖－3　用　具

第 2 項　球（參照圖 – 3）

1. 球為直徑 7.5 公分（容許範圍 ± 0.7 公厘）、重量 230 公克（容許範圍 ± 10 公克），以合成樹脂製成之球體，球面圓滑均一。

2. 球分為紅色 5 個，白色 5 個、合計 10 個。紅色球以白字標示「1」「3」「5」「7」「9」之單數號碼，白色球以紅字標示「2」「4」「6」「8」「10」之雙數號碼。數字之大小高 5 公分，標示在球表面上對稱位置之兩處。

3. 球應使用經中華民國槌球協會認定之球。

第 2 章　球　隊

第 3 條　球　隊

第 1 項　球隊之組成

1. 球隊由 5 名先發球員及 3 名以內之替補球員所組成，其中 1 名為隊長。

2. 球隊可設 1 名專任教練。

第 4 條　教練及球員

第 1 項　教練之任務

1. 教練應統御球隊，對自隊球員之言行負全責。

2. 教練應執行下列事項：

（1）指定隊長代理人。

（2）球員替補的申報。

（3）缺員的申報。

第2項　隊長之任務

1. 隊長代表球員，對自隊球員的言行應負全責。

2. 隊長應執行下列事項：

（1）提出打順名單。

（2）選擇先攻、後攻。

（3）選擇待機處。

（4）比賽結束後在記錄表簽名確認。

3. 隊長對裁判員之判定可以詢問。

（1）詢問限於詢問事項發生之時點，由裁判員之答覆而終結，不得再度詢問。

（2）詢問時要有禮貌，態度溫和。

4. 教練不在時，隊長要執行教練之任務。

說明：

● 教練在場時，隊長也可以受教練之委任，代行職務。

5. 隊長若不能執行任務時，可指名球員代行，但要申報。

說明：

● 教練不在，隊長又不能指名代行時，可由球員申報。

● 隊長之代行，限該項比賽有效。

第3項　服裝

1. 先發球員及要替補進場的球員應佩帶打擊順序（以

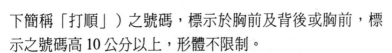

下簡稱「打順」）之號碼，標示於胸前及背後或胸前，標示之號碼高 10 公分以上，形體不限制。

2. 隊長須在左上臂佩帶隊長章。

3. 教練須在左上臂或胸前佩帶教練章。

4. 球員應穿著隊服。

5. 參加比賽之教練及球員要穿運動鞋。

說明：

● 鞋要平底鞋，以不會破壞比賽場地為原則。

6. 球員不可攜帶對比賽有妨礙之物品。

第 4 項　教練及球員應遵守的基本事項

1. 教練及球員必須精通槌球比賽規則（以下稱為比賽規則）並遵守之。

2. 教練及球員應對裁判員之判定秉持良好之運動風度並接納之。

3. 教練及球員應對裁判、工作人員、球員及觀眾保持禮貌及光明正大之運動精神。

4. 教練及球員應避免有影響裁判員判定之行為，或有隱瞞自隊球員犯規行為之舉動。

5. 教練及球員不得有故意拖延比賽時間為目的之行為。

第 3 章　比賽之準備

第 5 條　比賽之準備

第 1 項　提出打順名單

1. 比賽開始前，兩隊之隊長應提出打序名單給裁判員。（附錄 2）

第 2 項　決定先攻、後攻

1. 提出打序名單後，裁判員集二隊隊長投擲硬幣，獲勝之隊長可選先攻或後攻，另一隊則選擇待機處。

第 3 項　比賽開始前的確認

1. 球員在比賽前，經裁判員確認打擊順序，用具及服裝。

第 4 章　比賽之方法

第 6 條　比賽之方法

第 1 項　比賽形式

1. 比賽是每隊 5 名球員，由兩隊進行比賽。

2. 比賽開始後由先攻、後攻球員依打序交互進行至比

賽結束。

第 2 項　比賽時間

1.比賽時間為 30 分鐘。

第 3 項　比賽開始

比賽是由主審宣告「比賽開始」而開始。

2. 比賽開始後，兩隊先發球員 1 號至 10 號，依順序在發球區後方自由區列隊。（參照圖 – 4）

第 4 項　比賽結束

1. 比賽是由主審宣告「比賽結束」而結束。

2. 比賽時間經 30 分鐘打者尚在打擊時，依照以下方式結束。

（1）先攻隊打者正在打擊時，應繼續至後攻隊打者打完後結束。

（2）後攻隊打者在打擊時，等該員打擊完後結束。

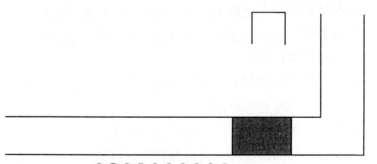

圖 – 4　比賽開始時之位置

第5項　比賽之打序及球

1. 比賽之打序從 1 號至 10 號為 1 輪。

2. 球員依照打序號碼，使用同一號碼之球為自己的球（以下稱為自球）。

3. 先攻球隊使用紅色球為自隊球，後攻球隊使用白色球為自隊球。

說明：

●對自球而言，自球以外之 9 個球為他球。例如 1 號之打序球員，1 號之球是自球外，其他之球均為「他球」。

第6項　球之替補

1. 球員之替補是指進場之比賽之球員和替補球員相互對調。

說明：

●在打序名單有記載之替補球員，於打序名單提出後各限替補 1 次。

2. 替補退場後之球員，在同一場比賽中不得再進場。

3. 比賽開始前或比賽中，尚未受打擊通告前的替補申報，由教練或隊長申報。

4. 要替補進場的球員，在打序號碼通告前向裁判員申報，但打擊中的打者不可替補。

5. 替補退場之球員，在該場比賽中再度進場，或未向裁判員申報替補而進場時，其打擊為無效打擊（參照第 10 條第 2 項）。

說明：

●替補進場球員之打序，為被替補球員之打序，必須穿該打序號碼衣。

第7項　球員之缺員

1. 比賽中，球隊如發生缺員時，可照缺員狀態繼續比賽，但教練或隊長發生缺員時須向裁判員申報。

2. 缺員之球依然留在原位，其後經其他打者之打擊，得分均有效。

第5章　勝　負

第7條　勝負之決定

第1項　得分及勝負

1. 得分情形如下：

（1）通過第1球門成立時得1分，成為1分球。

（2）通過第2球門成立時又得1分，成為2分球。

（3）通過第3球門成立時再得1分，成為3分球。

（4）奪標成立時再得2分，成為5分球。（該球取出界外）

說明：

●球隊的最高得分是25分。

2. 勝負之決定是比賽結束時各隊球員的得分合計，總分多者為勝。

第 2 項　同分時勝負之決定

1. 兩隊同分時，以下列順序，由得分內容決定勝負：

（1）奪標球數多者為勝。

（2）奪標球數相同時，以通過第 3 球門多者為勝。

（3）奪標數相同，第 3 球門數又相同時，以通過第 2 球門多的球隊為勝。

2. 依前項方法尚不能決定勝負時，以下列之順序決定勝負：

（1）由比賽結束時在場之球員，依 1 號到 10 號之順序打擊比賽通過第 1 球門，通過球門數多者為勝隊。但是中途已決定勝負時，以該時點結束比賽。

說明：

● 比賽結束時如有缺員不得替補。

（2）依此項 2.（2）之方法尚不能決定勝負時，以 1 號及 2 號球員比賽打擊通過第 1 球門，如再未能決定時，可順次由 2 位球員比賽通過第 1 球門，一直到勝負決定為止。此時如有缺員，對隊球員通過球門即決定勝負。

3. 依第 2 項 1 之方法未能決定勝負時，可不必舉行第 2 項 2 之方法，雙方以平手論之。

第 3 項　完全比賽

1. 在比賽中，若有任何 1 隊取得 25 分之時點，比賽即結束，為「完全比賽」。

第 8 條　取消比賽

第 1 項　棄權

1. 以下之情形為棄權，取消該隊比賽資格，宣告對隊為勝隊。

（1）球隊聲明棄權時。

（2）球隊在比賽開始時，沒有 5 名以上球員在場時。

（3）不遵裁判員命令進場比賽，而拒絕進場比賽時。

第 2 項　不正當進場

1. 球隊有不符合比賽資格之球員進場比賽時，為不正當進場，取消該隊比賽資格，判定對隊為勝隊。

說明：

●有參加資格者係指符合大會規定之報名資格，經球隊報名登錄在案，且於比賽開始前接受裁判員確認身份者。

第 6 章　比　賽

第 9 條　打者之打擊及權利

第 1 項　打者之進場及退場

1. 打者係指拉受打擊通告後，進入球場內打擊者。

2. 打者之權利在打擊終了後，自球靜止在界內、或成界外球、奪標及打者犯規之時，即終止。

216

3. 打擊權利終止之球員，應迅速退出球場。

第2項　逾　時

1. 打者必須在 10 秒以內完成打擊（參照第 12 條第 1 項）或閃擊（參照第 16 條第 1 項 1）。

2. 10 秒計時的起點如下：

（1）受打擊通告之時起。

（2）繼續打擊權利（參照第 12 條第 3 項）發生之時起。

3. 未在 10 秒以內完成打擊或閃擊時，為逾時犯規。

4. 逾時犯規時，打者失去權利。但閃擊行為中的逾時犯規，依況況適用第 16 條第 4 項閃擊犯規之 2 及 3 處理。

說明：

● 犯規宣告後，所移動的球，全部放回移動前位置。

第3項　打者之確認

1. 打者可確認下列有關事項，但確認所需時間，不是裁判時間。（參照第 21 條第 1 項）

（1）有關通過球門成立事項。

（2）有關奪標成立事項。

（3）有關觸擊成立事項。

（4）有關觸擊成立後，自球與複數之他球接觸事項。

說明：

● 可確認事項如下：

a. 靜止於球門線之球，是正方向移動而來或逆方向移動而來。

b. 因閃擊接合的他球，是否接觸到球門線。

c. 通過第 3 球門成立的球，是否接觸到終點柱。

d. 球和他球呈接觸狀態，打擊自球後，觸擊是否成立。

e. 對幾號球之觸擊成立。

f. 觸擊複數之他球後，自球與複數之他球是否呈接觸狀態。

第 10 條　有效打擊及無效打擊

第 1 項　有效打擊

1. 有效打擊是依比賽規則，打者之正當打擊與犯規打擊。

（1）正當打擊是打者正當的打擊及正當閃擊的行為。

（2）犯規打擊是打者有犯規行為的打擊。

第 2 項　無效打擊

1. 無效打擊是裁判計時中打者之打擊及打者以外之球員的打擊行為。

第 11 條　球之移動

第 1 項　有效移動

1. 打者正當打擊所移動的球，除無效移動外，全部有效。

第2項　無效移動

1. 下列為無效移動，所移動的球全部放回移動前的位置。

（1）犯規打擊所移動的球。

（2）無效打擊所移動的球。

（3）通過第1球門未成立的球所移動的他球。

（4）因界外球打擊而間接移動到接觸在球門或終點柱的球。

（5）未打入界內的界外球。

（6）因奪標成立的球而移動的他球。

（7）打者之身體觸及球門或終點柱而間接移動的球。

（8）有關閃擊行為中的正當行為所移動的自球及他球。

說明：

第2項1，(8)之例

●觸擊成立後，自球與被觸擊之他球靜止後呈接觸狀態時，因閃擊行為，去拿被觸擊之他球而移動自球。

●被觸擊之他球和別的他球靜止後呈接觸狀態時，因閃擊行為，去拿被觸擊之他球而移動別的他球。

●觸擊後，自球與複數他球靜止後呈接觸狀態時，打者為暫時移開他球，而移動自球及別的他球。

●別的他球接觸在球門或終點柱時，因閃擊行為拿起的他球掉落，觸及球門或終點柱，而間接移動別的他球。

●觸擊後，自球接觸在球門或終點柱而靜止時，因閃擊行為，拿起他球掉落觸及球門或終點柱，間接移動自球。

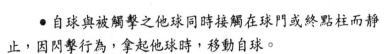

●自球與被觸擊之他球同時接觸在球門或終點柱而靜止，因閃擊行為，拿起他球時，移動自球。

●別的他球接觸在球門或終點柱，被觸擊之他球也同時接觸在一起，因閃擊行為打者拿起被觸擊之他球時，移動別的他球。

●自球接觸在球門或終點柱的狀態進行閃擊，其衝力移動別的他球。

（9）（1）～（8）以外，裁判員判定為無效移動的球。

說明：

第2項1（9）之例：

●已經處理好的界外球，被剛打出來的界外球移動時。

●靜止的球因天候等原因忽然移動時。

●打者的褲管或袖子觸及球而移動，或帽等離身之物掉落而移動球。

第 12 條　打　擊

第 1 項　打　擊

1. 打擊係指打者使用槌頭平面直接打擊靜止之自球。

2. 打者不得放棄打擊。

說明：

●連土、草等和財球一起打擊，視為正當打擊。

第 2 項　發球打擊

1. 發球打擊必須把球放置於發球區內打擊。（參照圖-5）

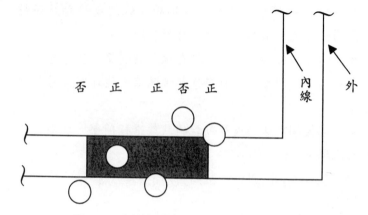

圖－5　發球打擊時之球放置位置之正否

說明：

　●球可以重新放置。

　2.打者判斷有妨礙通過第 1 球門的球，可申請裁判員暫時移開。（參照附錄 1）

第3項　繼續打擊權利之發生

　1.在下列情況中，當界內之球全部靜止時，發生繼續打擊之權利：

　　（1）自球通過球門成立時。

　　（2）閃擊權利發生時。

　　（3）閃擊成立，閃擊行為完成時。

　2.打擊自球通過球門後，自球靜止於界內時，打者可再打擊自球一次。

　3.打擊自球，觸擊他球成立後，自球與被觸擊之他球靜止於界內時，打者必須閃擊他球。

4. 閃擊成立後，打者依閃擊成立之次數打擊自球。

第4項　打擊犯規

1. 打者如有下列情形之打擊時為「打擊犯規」：

（1）推擊、連擊或用槌頭平面以外部位打擊時。

說明：

● 推擊是指自球與槌頭平面呈拉觸狀態中推著球。

● 連擊是指同一揮桿中槌頭平面與自球連續接觸2次，及自球碰到終點柱、球門後彈回觸及槌頭平面等情形而言。

（2）間接使球移動時。

說明：

● 間接使球移動如下列情形：

　　a. 打擊球門、終點柱或土、草等間接使球移動時。

　　b. 若有球接觸在球門柱、終點柱時，槌頭平面觸及球門、終點柱時即犯規。

（3）閃擊權利發生之前就打擊自球。

（4）閃擊權利發生而不閃擊就打擊自球。

（5）閃擊成立，繼續打擊權利發生之前打擊自球時。

（6）發球打擊，未將球放置於發球區內打擊時。

（7）誤打他球時。

（8）打擊移動中之自球時。

2. 打擊犯規時，打者失去權利，其處理如下：

（1）本項之 1.（1）（2）（3）（4）（5）之時。

a. 打擊犯規之球，放回打擊時位置。

（2）本項 1.（6）之時。

a. 打擊犯規的球，還給該打者。

（3）本項之 1.（7）之時。

a. 打擊犯規所移動的他球拿回打擊時的位置。

（4）本項之 1.（8）之時。

a. 自球拿出打擊時之至近界外。

（5）閃擊行為中的打擊犯規時，依狀況適用第 16 條第 4 項閃擊犯規 2 及 3 處理。

3. 本項之 2.（4）a.之「至近界外」是，離犯規地點最近的內線外側直角 10 公分之位置。

第 13 條　通過球門

第 1 項　通過球門之成立及權利

1. 通過球門是界內之球，依規定從門前方，正方向移動，完全通過球門線（參照圖-6）時成立。

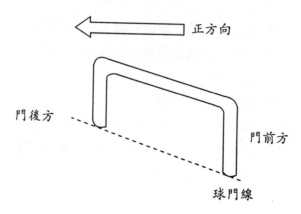

正方向

門後方

門前方

球門線

圖 – 6　球門線

說明：

●球門線是球門柱後方外側之聯結直線。

2. 通過球門成立是指第 1 球門、第 2 球門、第 3 球門依序通過之最初一次。又關於第 1 球門之通過，須適合第 13 條第 2 項之規定通過球門始能成立。

3. 從門後方向移動靜止在球門線上之球，於下次打擊中，從正方向移動時通過球門不成立。

說明：

●將球打擊回球門前方，且球之外緣無接觸到球門線時，於下次打擊時由正方向移動通過球門，則通過球門成立。

4. 以閃擊使他球通過球門，在接合他球時，他球不觸及球門線，（參照第 16 條第 1 項 2）通過球門成立。

5. 打擊界外球，通過球門不成立。

6. 打擊界外球，從門前方移動而靜止在球門線時，應於下次之有效打擊通過球門線，通過球門成立。從門後方逆方向移動而靜止在球門線時，適用本項之 3 規定。

第 2 項　通過第 1 球門成立

1. 一擊通過第 1 球門後，自球靜止於界內時，通過第 1 球門成立。

說明：

●通過第 1 球門成立的球，成為界內球。

（參照第 17 條第 1 項）

第 14 條　奪　標

第 1 項　奪標成立

1. 通過第三球門之球，觸及終點柱時，奪標成立。

2. 欲以閃擊使他球奪標時，接合他球觸及終點柱打擊，奪標不成立。

3. 通過第三球門之球，接觸在終點柱時，於下次之有效打擊奪標成立。

4. 打者打擊已通過第三球門之界外球，觸及終點柱，奪標不成立。

5. 奪標成立之球，應取出場外。

第 15 條　觸　擊

第 1 項　觸擊之成立

1. 打擊自球在界內移動，觸及他球為觸擊。
自球與他球呈接觸狀態時，打擊自球觸擊即成立。

2. 通過第一球門未成立之自球觸及他球，觸擊不成立。

第 2 項　閃擊權利之發生

1. 觸擊成立，自球及被觸擊之他球，靜止於界內時，打者必須閃擊他球。

2. 打者發生複數之閃擊權利時，與觸擊之順序無關，必須逐次閃擊他球。

第3項　閃擊優先

1. 一次打擊中，如通過球門成立與閃擊權利同時發生時，打者應優先行使閃擊。

2. 打者具有閃擊權利與打擊權利時，應先行閃擊。

第4項　重複觸擊

1. 繼續打擊中，再度觸擊已閃擊之他球時，為重複觸擊犯規。

2. 重複觸擊犯規，除打者失去權利外，另處理如下：

（1）自球拿出重複觸擊位置之至近界外。

（2）被重複觸擊之他球，放回觸擊位置。

第16條　閃　擊

第1項　閃擊

1. 閃擊是自、他球接合後，以打擊自球的衝擊力使他球移動。

2. 接合是在自球靜止的位置，踏自球後將被觸擊之他球接觸在一起。

3. 他球應在界內接合。

4. 打者不可放棄閃擊。

說明：

●欲將他球閃擊出界外時，要向裁判員指示方向。

5. 因閃擊他球，所發生移動的球，均屬有效。

第 2 項　閃擊有關行為

1. 閃擊有關行為是指從觸擊成立，自、他球全部靜止之時起，至閃擊後，腳離開自球為止之行為。

說明：

● 閃擊行為之順序如下：

　a. 拿起被觸擊之他球。

　b. 踏自球，要固定之。

　c. 要在界內將他球與自球接合。

　d. 打擊自球使他球移動。

　e. 腳離開自球。

● 自球與被觸擊之他球接近時，可踏自球再拿他球。

● 自球與被觸擊之他球同時踩踏時，視為接合完成。

2. 下列行為是閃擊行為中，正當的行為：

（1）同時踩踏自、他球。

（2）踏自球後，可以換踏或旋轉。

（3）接合時，手可觸及自球。

（4）接合後可再重新接合。

（5）可同時打到腳及球。

（6）自球可在腳底下移動。

說明：

　●球在腳下移動時，裁判員判定對於通過球門或觸擊有利時，裁判員應將自球放回移動前位置再打擊。

　3. 觸擊複數他球後，自球與複數之他球接觸時，打者可將第 2 個要閃擊的他球暫時移開。

說明：

● 打者自行暫時移開的手續：

　a. 與2個他球接觸而靜止時：

　　把第2個要閃擊的他球拿起來暫時移開。

　b. 與3個他球接觸的時候：

　　把第2次以後要閃擊的他球一個一個拿起來暫時移開，若2球同時拿起來也可以。

● 打者將暫時移開的球放在不妨礙打擊的地方。

● 被觸擊之他球與別的他球，直接或間接，接觸而靜止時，打者可自行拿起被觸擊之他球。

第3項　閃擊之成立

1. 閃擊之成立是指以下情形：

（1）自球與閃擊後之他球離開10公分以上時。

（2）閃擊之他球奪標時。

（3）閃擊之他球出界外時。

第4項　閃擊犯規

1. 閃擊時如有下列之行為，為閃擊犯規：

（1）閃擊之權利發生時起至閃擊前，被觸及之他球直接使自球或別的他球移動時。

（2）接合前，踏自球或換踏時，自球從腳底下離開。

（3）接合後，換踏時，自球從腳底下離開。

（4）只打到踩球之腳時。

（5）閃擊後自球與被閃擊之他球離開未滿10公分以上時。

說明：

●離開 10 公分後，因地形或碰到球門柱反彈回來成為未滿 10 公分時，閃擊也成立。

（6）閃擊成立後，被閃擊之他球撞到球門或終點柱，反彈回來與自球接觸而靜止時，自球至近界外，他球靜止位置。

（7）閃擊之同時，自球離開腳底。

（8）同時閃擊複數之他球時。

說明：

●有關閃擊複數他球之犯規行為如下：

1. 拿起第一個球後再變更閃擊順序時。

2. 同時拿起被觸擊之複數他球時，但打者自行暫時移開之情形除外。

3. 自球與被觸擊之他球呈接觸狀態，而觸摸到另一個被觸擊之他球時。

（9）在界外接合，且已經行閃擊時。

（10）閃擊後，腳要離開時，自球移動。

2. 閃擊犯規處理如下：（打者失去權利）

（1）觸擊後界內所有之球靜止後到接合前所發生之犯規：

a. 自球及被觸擊之他球，放回觸擊後靜止之位置。

（2）接合後到閃擊成立前所發生之犯規：

a. 自球放回觸擊後靜止位置。

b. 他球放回接合位置。

（3）閃擊結束後腳要離開自球所發生之犯規：

a. 自球放回觸擊後靜止之位置。

（4）閃擊成立後，被閃擊之他球撞到球門或終點柱，反彈回來與自球接觸而靜止時，自球至近界外，他球靜止位置。

（5）在界外接合閃擊之犯規：

a.自球及被觸擊之他球，放回觸擊後靜止位置。

3.閃擊犯規處理結果自球及被觸擊之他球位置未滿10公分時，其處理如下：

a.自球，經處理後位置之至近界外。

第 17 條　界內球及界外球

第 1 項　界內球

1.界內球是通過第 1 球門後靜在界內的球。

2.在界外的自球搥入界內時，成為界內球。

第 2 項　界外球

1.界外球是被打擊出界外的球或因犯規拿出至近界外的球。

2.出界外的界外球，應放置於通過內線地點直角外側10 公分處。

3.打者判斷有妨礙打擊的界外球，可申請裁判員暫時移開。

第 3 項　界外球之打擊

1.打者打擊界外球，應從裁判員放置地點打擊。

2.打擊界外球，靜止於界內時，為正當打擊。

第 4 項　界外球打擊犯規

1. 打擊界外球觸及他球時，是界外球打擊犯規。

說明：

●他球接觸在球門或終點柱，自球觸及球門或終點柱，間接移動他球時，是無效移動。自球之移動有效。

2. 界外球打擊犯規時：

（1）自球拿出犯規時點之至近界外。

（2）因犯規而被移動的他球，放回移動前位置。

第 18 條　觸球犯規

第 1 項　觸球犯規

1. 打者除了比賽規則容許行為以外，觸及場內之球為觸球犯規。

說明：

●球桿掉落而觸球時是為犯規。

●球衣之袖子、褲管以及帽子等物品掉落而觸球時不犯規。

2. 觸球犯規時，打者失去權利，處理如下：

（1）打者觸及靜止球時：

a. 觸球犯規的球，放回觸球位置。

（2）打者觸及移動中之自球時：

a. 自球拿出觸球位置之近界外。

（3）打者觸及移動中之他球時：

a. 他球放回觸球位置。

b. 自球拿出靜止位置之至近界外。

（4）打者之球桿觸及球門或終點柱，使球移動時：

a. 犯規而移動的球，放回移動前位置。

第 19 條　妨礙比賽

第 1 項　妨礙比賽

1. 裁判員判定教練或球員妨礙比賽時，為防止對妨礙者所屬球隊有利，主審得依下列規定處理：

（1）取消打者之權利。

（2）至近界外處理。

（3）取消通過球門或奪標。

（4）教練或球員之退場。

a. 退場球員之球，取出場外，其球員之號碼為缺號，至此之得分有效。

（5）取消該隊比賽資格。

第 20 條　暫　停

第 1 項　暫停

1. 暫停是比賽中主審將比賽狀況暫時中斷。球隊不能要求暫停比賽，暫停比賽之時間不包含比賽時間。

第 21 條　裁判時間

第 1 項　裁判時間

1. 裁判時間是比賽中裁判員認為有必要處理而使用之時間。

2. 裁判員處理犯規行為，從判定及宣告後到通告次打者前之時間為裁判時間。

3. 對於隊長之詢問，裁判員應答時間為裁判時間。

4. 裁判時間無逾時之限制但包含在比賽時間內。

5. 裁判時間中，打者之行為無效。

第 22 條　用具之更換

第 1 項　球桿之更換

1. 打者可向裁判員申請更換球桿，可帶至球場內的只限 1 支，又更換所需時間不是裁判時間。

2. 更換球桿限於比賽前受確認之球桿。

第 7 章　比賽中斷、延期及中止

第 23 條　比賽中斷、延期及中止

第 1 項　比賽中斷

1. 因天氣或其他事故，比賽不能繼續時，可暫停比

賽。

2. 暫停而中斷之比賽，再開始時可由中斷時之狀況再度開始比賽。

第 2 項　比賽延期及中止

1. 比賽不能繼續進行時，可延期或中止。

2. 比賽開始後未經過 20 分鐘前，可決定中止或延期。再開始比賽時應重新舉行比賽。

3. 比賽開始經過 20 分鐘後，因故中止比賽時，其比賽成立，為「有效比賽」。

第 8 章　　裁判員

第 24 條　裁判員

第 1 項　裁判小組之構成

1. 主　審　　　1 名
2. 副　審　　　1 名
3. 記錄員　　　1 名
4. 線　審　　　必要時可設置

第 2 項　主審

1. 主審之權限

（1）主審根據比賽規則主持比賽，對比賽規則上未明示之問題有決定權。

附：中華民國槌球協會槌球比賽規則

2. 主審之任務：

（1）比賽開始及比賽結束之宣告。

（2）對打序球員之打擊通告。

（3）暫停比賽及再開始之宣告。

（4）比賽中斷及再開始比賽之宣告。

（5）對妨礙比賽罰則之判定及處理。

（6）取消比賽資格之判定及宣告。

（7）比賽結束後記錄內容之確認。

（8）勝負之判定及宣告。

（9）勝負之判定及宣告後接受兩隊隊長簽字。

第3項　主審及副審之任務

1. 主審及副審共有之任務：

（1）比賽場地之檢查。

（2）兩隊打序名單之確認。

（3）先攻、後攻之確認。

（4）用具及服裝之檢查。

（5）通過球門及奪標之判定及宣告。

（6）觸擊之判定及宣告。

（7）界外球之判定及宣告。

（8）替補球員之確認及通告記錄員。

（9）犯規之判定宣告。

（10）對妨礙比賽行為之注意。

（11）受理比賽中之詢問。

（12）球之暫時移開。

（13）處理無效移動的球。

第 4 項　副審

1. 副審之任務：

（1）副審要和主審執行前項共有之任務以外另要輔助主審，若主審不能執行任務時，應代理主審完成任務。

第 5 項　記錄員

1. 記錄員之任務：

（1）根據比賽規則將必要事項登記於記錄表內。（附錄 2）

（2）答覆主審或副審對記錄之疑問。

（3）關於判定可向主審、副審建言。

（4）比賽時間經過之通告。

比賽時間還有「15 分鐘」、「10 分鐘」、「5 分鐘」、「比賽時間到」。

（5）比賽記錄須經主審之承認。

（6）比賽時間之計時。

（7）輔佐主審或副審，注意界外球。

第 6 項　線　審

1. 線審之任務

（1）線審輔助主審及副審處理界外球。

（2）對妨礙比賽行為之注意。

大展出版社有限公司
品冠文化出版社　圖書目錄

地址：台北市北投區(石牌)　　　電話：(02)28236031
　　　致遠一路二段 12 巷 1 號　　　　　　28236033
郵撥：01669551＜大展＞　　　　　　　　28233123
　　　19346241＜品冠＞　　　　傳真：(02)28272069

・熱門新知・品冠編號 67

1.	圖解基因與 DNA		中原英臣主編	230 元
2.	圖解人體的神奇	（精）	米山公啟主編	230 元
3.	圖解腦與心的構造	（精）	永田和哉主編	230 元
4.	圖解科學的神奇	（精）	鳥海光弘主編	230 元
5.	圖解數學的神奇	（精）	柳谷晃著	250 元
6.	圖解基因操作	（精）	海老原充主編	230 元
7.	圖解後基因組	（精）	才園哲人著	230 元
8.	圖解再生醫療的構造與未來		才園哲人著	230 元
9.	圖解保護身體的免疫構造		才園哲人著	230 元
10.	90 分鐘了解尖端技術的結構		志村幸雄著	280 元
11.	人體解剖學歌訣		張元生主編	200 元

・名人選輯・品冠編號 671

1.	佛洛伊德	傅陽主編	200 元
2.	莎士比亞	傅陽主編	200 元
3.	蘇格拉底	傅陽主編	200 元
4.	盧梭	傅陽主編	200 元
5.	歌德	傅陽主編	200 元
6.	培根	傅陽主編	200 元
7.	但丁	傅陽主編	200 元
8.	西蒙波娃	傅陽主編	200 元

・圍棋輕鬆學・品冠編號 68

1.	圍棋六日通	李曉佳編著	160 元
2.	布局的對策	吳玉林等編著	250 元
3.	定石的運用	吳玉林等編著	280 元
4.	死活的要點	吳玉林等編著	250 元
5.	中盤的妙手	吳玉林等編著	300 元
6.	收官的技巧	吳玉林等編著	250 元
7.	中國名手名局賞析	沙舟編著	300 元
8.	日韓名手名局賞析	沙舟編著	330 元

·象 棋 輕 鬆 學· 品冠編號 69

1.	象棋開局精要	方長勤審校	280 元
2.	象棋中局薈萃	言穆江著	280 元
3.	象棋殘局精粹	黃大昌著	280 元
4.	象棋精巧短局	石鏞、石煉編著	280 元

·生 活 廣 場· 品冠編號 61

1.	366 天誕生星	李芳黛譯	280 元
2.	366 天誕生花與誕生石	李芳黛譯	280 元
3.	科學命相	淺野八郎著	220 元
4.	已知的他界科學	陳蒼杰譯	220 元
5.	開拓未來的他界科學	陳蒼杰譯	220 元
6.	世紀末變態心理犯罪檔案	沈永嘉譯	240 元
7.	366 天開運年鑑	林廷宇編著	230 元
8.	色彩學與你	野村順一著	230 元
9.	科學手相	淺野八郎著	230 元
10.	你也能成為戀愛高手	柯富陽編著	220 元
12.	動物測驗—人性現形	淺野八郎著	200 元
13.	愛情、幸福完全自測	淺野八郎著	200 元
14.	輕鬆攻佔女性	趙奕世編著	230 元
15.	解讀命運密碼	郭宗德著	200 元
16.	由客家了解亞洲	高木桂藏著	220 元

·血型系列· 品冠編號 611

1.	A 血型與十二生肖	萬年青主編	180 元
2.	B 血型與十二生肖	萬年青主編	180 元
3.	O 血型與十二生肖	萬年青主編	180 元
4.	AB 血型與十二生肖	萬年青主編	180 元
5.	血型與十二星座	許淑瑛編著	230 元

·女醫師系列· 品冠編號 62

1.	子宮內膜症	國府田清子著	200 元
2.	子宮肌瘤	黑島淳子著	200 元
3.	上班女性的壓力症候群	池下育子著	200 元
4.	漏尿、尿失禁	中田真木著	200 元
5.	高齡生產	大鷹美子著	200 元
6.	子宮癌	上坊敏子著	200 元
7.	避孕	早乙女智子著	200 元
8.	不孕症	中村春根著	200 元
9.	生理痛與生理不順	堀口雅子著	200 元

10. 更年期　　　　　　　　　　野末悅子著　200元

·傳統民俗療法· 品冠編號63

1. 神奇刀療法　　　　　　潘文雄著　200元
2. 神奇拍打療法　　　　　安在峰著　200元
3. 神奇拔罐療法　　　　　安在峰著　200元
4. 神奇艾灸療法　　　　　安在峰著　200元
5. 神奇貼敷療法　　　　　安在峰著　200元
6. 神奇薰洗療法　　　　　安在峰著　200元
7. 神奇耳穴療法　　　　　安在峰著　200元
8. 神奇指針療法　　　　　安在峰著　200元
9. 神奇藥酒療法　　　　　安在峰著　200元
10. 神奇藥茶療法　　　　　安在峰著　200元
11. 神奇推拿療法　　　　　張貴荷著　200元
12. 神奇止痛療法　　　　　漆　浩　著　200元
13. 神奇天然藥食物療法　　李琳編著　200元
14. 神奇新穴療法　　　　　吳德華編著　200元
15. 神奇小針刀療法　　　　韋丹主編　200元
16. 神奇刮痧療法　　　　　童佼寅主編　200元
17. 神奇氣功療法　　　　　陳坤編著　200元

·常見病藥膳調養叢書· 品冠編號631

1. 脂肪肝四季飲食　　　　蕭守貴著　200元
2. 高血壓四季飲食　　　　秦玖剛著　200元
3. 慢性腎炎四季飲食　　　魏從強著　200元
4. 高脂血症四季飲食　　　　薛輝著　200元
5. 慢性胃炎四季飲食　　　馬秉祥著　200元
6. 糖尿病四季飲食　　　　王耀獻著　200元
7. 癌症四季飲食　　　　　　李忠著　200元
8. 痛風四季飲食　　　　　魯焰主編　200元
9. 肝炎四季飲食　　　　　王虹等著　200元
10. 肥胖症四季飲食　　　　李偉等著　200元
11. 膽囊炎、膽石症四季飲食　謝春娥著　200元

·彩色圖解保健· 品冠編號64

1. 瘦身　　　　　　　　　主婦之友社　300元
2. 腰痛　　　　　　　　　主婦之友社　300元
3. 肩膀痠痛　　　　　　　主婦之友社　300元
4. 腰、膝、腳的疼痛　　　主婦之友社　300元
5. 壓力、精神疲勞　　　　主婦之友社　300元
6. 眼睛疲勞、視力減退　　主婦之友社　300元

·休閒保健叢書· 品冠編號 641

1.	瘦身保健按摩術	聞慶漢主編	200 元
2.	顏面美容保健按摩術	聞慶漢主編	200 元
3.	足部保健按摩術	聞慶漢主編	200 元
4.	養生保健按摩術	聞慶漢主編	280 元
5.	頭部穴道保健術	柯富陽主編	180 元
6.	健身醫療運動處方	鄭寶田主編	230 元
7.	實用美容美體點穴術＋VCD	李芬莉主編	350 元

·心 想 事 成· 品冠編號 65

1.	魔法愛情點心	結城莫拉著	120 元
2.	可愛手工飾品	結城莫拉著	120 元
3.	可愛打扮 & 髮型	結城莫拉著	120 元
4.	撲克牌算命	結城莫拉著	120 元

·健康新視野· 品冠編號 651

1.	怎樣讓孩子遠離意外傷害	高溥超等主編	230 元
2.	使孩子聰明的鹼性食品	高溥超等主編	230 元
3.	食物中的降糖藥	高溥超等主編	230 元

·少 年 偵 探· 品冠編號 66

1.	怪盜二十面相	（精）	江戶川亂步著	特價 189 元
2.	少年偵探團	（精）	江戶川亂步著	特價 189 元
3.	妖怪博士	（精）	江戶川亂步著	特價 189 元
4.	大金塊	（精）	江戶川亂步著	特價 230 元
5.	青銅魔人	（精）	江戶川亂步著	特價 230 元
6.	地底魔術王	（精）	江戶川亂步著	特價 230 元
7.	透明怪人	（精）	江戶川亂步著	特價 230 元
8.	怪人四十面相	（精）	江戶川亂步著	特價 230 元
9.	宇宙怪人	（精）	江戶川亂步著	特價 230 元
10.	恐怖的鐵塔王國	（精）	江戶川亂步著	特價 230 元
11.	灰色巨人	（精）	江戶川亂步著	特價 230 元
12.	海底魔術師	（精）	江戶川亂步著	特價 230 元
13.	黃金豹	（精）	江戶川亂步著	特價 230 元
14.	魔法博士	（精）	江戶川亂步著	特價 230 元
15.	馬戲怪人	（精）	江戶川亂步著	特價 230 元
16.	魔人銅鑼	（精）	江戶川亂步著	特價 230 元
17.	魔法人偶	（精）	江戶川亂步著	特價 230 元
18.	奇面城的秘密	（精）	江戶川亂步著	特價 230 元
19.	夜光人	（精）	江戶川亂步著	特價 230 元

國家圖書館出版品預行編目資料

門球（槌球）入門與提升180問 / 柳萬春　吳永宏　著
——初版，——臺北市，大展，2008〔民97・09〕
面；21公分 ——（運動精進叢書；19）
ISBN　978－957－468－635－3（平裝）

1.槌球

528.959　　　　　　　　　　　　　　　　97012842

門球（槌球）入門與提升180問

著　　者/柳萬春　吳永宏
責任編輯/吳永芳
發行人/蔡森明
出版者/大展出版社有限公司
社　　址/台北市北投區（石牌）致遠一路2段12巷1號
電　　話/（02）28236031・28236033・28233123
傳　　眞/（02）28272069
郵政劃撥/01669551
網　　址/www.dah-jaan.com.tw
E－mail/service@dah-jaan.com.tw
登記證/局版臺業字第2171號
承印者/國順文具印刷行
裝　　訂/建鑫裝訂有限公司
排版者/弘益電腦排版有限公司
授權者/北京人民體育出版社
初版1刷/2008年（民97年）9月

定　價/230元

大展好書　好書大展
品嘗好書　冠群可期